U0081380

你必須認識的
韓國人

──── 韓國50名人列傳 ────

策畫／主編　朱立熙

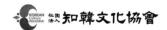

KOREAN Culture Association　社團法人　知韓文化協會

關於本書

朱立熙

　　做為這本書的倡議者與主編，對於這本書今天能夠呈現在讀者手上，請容我做一些說明。

　　2017年我應聘在台師大「韓語學程」講授「韓國近代史」與「現代韓國政治與經濟」，除了我自己撰寫出版的《韓國史》（增訂七版，三民書局）與自製的教材之外，我一直在思考如果能以人物故事來解說歷史，一定更生動有趣。

　　於是我讀完在韓國買的《Koreans to Remember-50 famous people who helped shape Korea》非常失望，因為它寫得太淺顯，感覺更像是給小學生讀的童書。接著，日本摯友寄來一本《韓国史のなかの100人》，這一本就寫得很細緻，完全是日本人的風格，不過100人又太多了，從上古史、中世史到近現代史的人物都有，坦白說，有些失之於瑣碎。

　　如何在英、日文的人物傳記中篩選，成為一大考驗。於是，我就從兩本所列的人物做比對，再挑出事蹟比較偉大、故事性比較強、台灣學生會關心的六十位名人讓兩個班級的學生

各自挑選，每人寫三千字做為期末報告。如此，一本由台灣人寫的中文版韓國名人傳記就可以完成了。這本書除了可以當教材，對後來的學弟妹也會有很大的貢獻。

但是因為每個學生的寫作風格與文體有差異，馬上遇到改稿與潤飾的大工程，以及著作權授權的問題，接洽了幾家出版社都面有難色，於是只能擱置一旁，而且延宕了快五年。最近覺得再不出版，實在對不起學生的努力與心血，所以「知韓文化協會」就扛下了出版的重任，我自己利用暑假較空的時間，逐篇改稿潤飾。但是受限於篇幅，只好把六十位名人割捨了十位，而成為五十人。對於遺珠確實相當愧疚，不過他們的名字還是臚列在參與執筆者的名單上。

出版這本書，除了是對學生的承諾之外，也期待這本書，能給哈韓的年輕世代有機會進一步深入了解韓國的歷史與文化，這是在光鮮亮麗的韓流文化之外，可以從三國時代的高句麗、百濟、新羅、高麗王朝、朝鮮王朝，一直認識到現代韓國的很有價值的工具書，希望由此拓展大家的視野，並能誕生更多的韓國專家！

我們虛心接受大家的批評與指教，若發現任何錯誤敬請賜告，在第二刷的時候一定會修正。

2022.8.15

Contents
目次

篇一　國家元首

李承晚

　　李承晚（1875年－1965年），字承龍，號雩南，是大韓民國首任至第三任總統（1948年－1960年）。在任期間實施教育治國政策，能源科技國策。

　　李承晚出生於黃海道平山郡馬山面大慶里陵內洞的寒門，他的父母親在他兩歲時搬遷到漢城，一家住在南大門外南山谷的桃洞。李承晚幼年進入黃海道私塾學習漢文和儒家經典。甲年更張廢止科舉考試制度後，使當時19歲的李承晚因失去生命的目標而徬徨失措。這時，他碰巧進入由美國衛理會傳教士 Henry Gerhard Appenzeller 所成立的培材學堂就讀。

　　在培材學堂中，李承晚接觸到生命中三個最重要的支柱：英語、基督教以及民主主義。在當時，培材學堂是可以高效率地學習正統英語的教育機構，這是因為學堂裏大部分的教師都是高知識程度的西方傳教士，而且絕大部分的課程都是使用英語教學。李承晚知道英語能改變他的人生，所以他將學習英語視為人生的目標。李承晚在學習英語方面確實有著驚人的天賦。入學不久後就擔任濟眾院 Georgiana E. Whiting 醫生的私人家教；他入學半年之後，即被任命為初級英語授課教師。

　　對李承晚來說，英語本身是一種文化衝擊。學好英語，不僅是學習一種語言，而是發現另一個新的世界，並獲得全新的「英語之心」。「英語之心」開闊了傳統價值觀的同時，也可能導致了對自己與傳統價值之間的斷裂，看不起自己的過去，貶低周遭的同胞，遠離現實，並造就他負面的個性。與此同時，李承晚也接受了基督教信仰和西方近代政治思想的影響。1897年7月8日，李承晚自培材學堂畢業。

　　畢業後的李承晚迅速投入社會運動，他參加了「獨立協會」並擔任韓國第一家近代報紙《獨立新聞》的英文版主筆。這個23歲的年輕人，在晶洞衛理教堂用流利的英語、以「韓國的獨立」為題進行畢業演說。從這時起，李承晚已不再是一個個人，而是一個備受矚目的公眾人物。李承晚是一個優秀的即席演說家，也是狂妄激進的活動家。他的思想已脫離君主制，成為「獨立協會」成員中，屬於現實主義激進的一方。在1897年，李承晚因抨擊時政和鋒芒畢露的改革思想，於1898年被捕後被判處死刑，後被減為無期徒刑。在獄中，勤奮的李承晚編撰了韓國歷史上第一部《韓英詞典》。自培材學校畢業到他被囚禁前，大約一年半的時間中，可說是李承晚最純潔、最激烈、為了最有價值的意義而奮鬥的燦爛歲月。

　　1904年李承晚出獄後，在教會的資助下赴美留學，於1905年獲得美國喬治華盛頓大學政治學士學位，1908年獲哈佛大學哲學碩士學位，1910年獲普林斯頓大學國際政治博士學位等，成為第一個在美國榮獲博士頭銜的韓國人。1912年，李承晚曾

短暫回國，以傳教為掩護傳播獨立思想，被日本殖民當局驅逐出境。此後，他僑居美國夏威夷，在當地僑民中積極從事獨立運動，成為名聲顯赫的獨立運動領袖。1919年，韓國的民族主義者在上海成立「大韓民國臨時政府」，遠在美國的李承晚被選為臨時政府總統，隨即代表臨時政府赴法國向巴黎和會遞交韓國獨立請願書。之後，李承晚曾赴上海宣誓就任臨時總統，卻因與臨時政府的其他成員不和而離職，遠走美國。從此20幾年一直在美國從事獨立運動。

他曾是「大韓民國臨時政府」的首任總理（1919年4月－9月）、駐美代表（1919年9月－1941年）、首任總統（1919年4月－1925年3月11日）、國務委員（1933年－1940年）、駐美大使（1941年－1945年10月）。1945年10月16日下午5點，李承晚搭乘美國軍用飛機抵達金浦機場。當中除了取得博士學位後回國做事的一年半以外，整整41年的時間都在國外。因此，在他的生命中遺漏了被日本殖民統治的經驗。

回國前他停留東京一個禮拜，和麥克阿瑟元帥以及駐韓美軍司令霍奇（John Reed Hodge）將軍進行三方會談，那次會談幫助李承晚取得保證執政的支票。而背後支持他回國領導的人，是他在普林斯頓大學的校長威爾遜，也就是後來當選美國總統主張「民族自決」的人。是威爾遜把李承晚介紹給麥克阿瑟將軍，讓他在東京接受麥帥的面試。

李承晚以他對基督教的信仰與美國民主憲政的信念向麥帥陳述，讓麥帥相信李承晚是個非常安全的領導者，可治理當

時局勢混亂的朝鮮。近70歲返國的狂人李承晚本人，其實也是另一個「皇帝」。皇帝的特色就是將自己的權力絕對化，所有想法都必須出自於他自己單方面才行，只要有任何人違反了他單方面的命令，不但視為敵人並全加以殺害。李承晚表面上似乎要發動與日本對抗，但他為了維持政權卻啟用最惡毒的親日派人士。李承晚不是民主的總統，而是專制君主國家朝鮮的皇帝。過去朝鮮時期受制於明、清，大韓帝國誕生於日本帝國主義的統治之下。而李承晚皇帝則是出生於美國新帝國主義的怪胎。而為了在美國得以生存，他的信仰經驗更強化了獨善、獨尊、獨斷、獨走等特質。

1948年7月20日，在駐朝鮮美國陸軍司令部軍政廳的支持下，李承晚在大韓民國國會議員中獲選為韓國總統，得票率92.3%。1950年6月7日，北韓領導人金日成向朝鮮半島南北人民發出呼籲，宣佈將在8月5日至8月8日在全朝鮮半島舉行大選的基礎上實現國家的和平統一，並公開指稱將於6月15日至6月17日在海州市召開號召為此目的協商會議。6月11日，北方的三名代表越過三八線，打算向韓國各政黨領導人遞交和平統一國家的呼籲書，卻被韓國政府逮捕。但此時，北韓的內政、外交、軍備等各項戰爭準備已經接近完成。

1950年6月25日，北韓在得到蘇聯和中國的支持和援助，向南進攻韓國引發了朝鮮半島最大規模的一次戰爭，史稱朝鮮戰爭或韓戰。9月15日美軍在仁川登陸後，單獨命令韓國軍隊突破三八線北上。經過一年慘烈戰鬥後，1951年南北雙方相持

在三八線，此時由於李承晚執政的政府貪汙腐敗，被認為難以再獲國會信任選為總統，於是李承晚要求修憲改為總統直選。在國會抵制後，李承晚下令拘捕反對黨議員，於1952年在戰時的臨時首都釜山通過修正案，同年總統選舉以74%得票率當選總統。

1953年6月15日，朝鮮停戰談判達成全部協定。但是，李承晚拒絕在《朝鮮停戰協議》上簽字，他擔心共產黨會利用中立國遣返委員會強迫拒絕遣返的戰俘回國。於6月17日深夜起，釋放反共戰俘27000人逃出戰俘營，並且表示要繼續「北進」、「單獨幹」，而且不服從美軍的領導，引起了聯合國軍參戰各國的強烈不滿。釋放反共戰俘的舉動也激怒了北韓和中國，他們的停火要求是遣返全部戰俘，但主導聯合國軍的美國則堅持「自願遣返」（後修改為「非強制性遣返」）。美國擔心停火談判破裂，當天緊急召開第150屆國家安全委員會（NSC）。會議上，美國總統艾森豪親自出面討論過除掉李承晚的 "Ever ready operation" 提案。但幸運地，在國務院亞太助卿的饒伯森的協調下，李承晚同意停火協議，韓美兩國得以順利度過這個危機局面，並在當年8月簽訂《韓美互相防衛條約》。

戰後的韓國處於類似第三世界的混亂局面，李承晚政權一直尋求「北伐」，並繼續打壓和逮捕反對黨人士。1953年11月訪問臺灣與蔣中正會面，會後共同發表《聯合聲明》，籲請亞洲自由國家，共同組織反共聯合陣線。訪問期間，為感謝中華

民國政府長期以來對韓國獨立運動的支持，他特別頒贈韓國建國勳章之大韓民國章予蔣中正。

　　1956年大韓民國總統選舉以70%絕對多數連任，其後脅迫國會通過廢除總統最多連任兩次的限制。1960年3月15日，韓國進行第四任總統大選，李承晚在選舉中透過舞弊以90%得票當選。原在野民主黨總統候選人在選前遭到暗殺，更引發學生與在野黨的不滿。馬山市爆發了警民流血衝突事件後，更使局勢惡化。4月18日，高麗大學示威學生從國會返校途中遇到暴漢襲擊，40多人受傷，導致隔日更多學生前往青瓦台抗議，因警衛部隊開槍而導致186人死亡的事件，因而引發「419學生革命」的開端，興起全國性大規模暴動。

　　1960年4月26日，30多萬韓國人包圍了韓國總統府景武台。李承晚向自己唯一的希望美國求救。美國總統艾森豪命駐韓美軍不准妄動，他給李承晚的答覆是：「我尊重韓國人民的選擇。」在這天中午，已經徹底絕望的李承晚宣布辭職。為了逃脫罪責，李承晚於5月29日帶領全家流亡到美國夏威夷。1965年7月19日，李承晚在當地去世，享年90歲。

朴正熙

　　朴正熙出生於西元1917年11月14日，日治朝鮮慶尚北道善山郡，死於1979年10月26日漢城宮井洞，享年61歲。朴正熙為韓國歷史上在任最久且爭議性極大的總統，女兒朴槿惠為韓國第18任總統和韓國首位女總統，後世對於朴正熙的經濟成就多有讚賞，但對其獨裁與高壓統治則無法苟同。

　　朴正熙出身農村，從小家境清貧，普通學校畢業後，進入大邱師範學校就讀。1937年春，從大邱師範畢業後擔任小學老師，但經過三年的教書生涯，他認為老師並非自己的終身志願，決定辭職前去從軍。

　　朴正熙第一次投考滿州軍官學校卻落榜了，再次報考時已經超齡，他於是寫血書給總督府軍政部，表達進入軍校成為皇軍的決心。他於是被破格錄取，於1940年前往滿州國軍官學校就讀，結束軍官學校兩年預科後前往日本陸軍士官學校就讀本科課程。1944年夏，朴正熙完成日本士官學校的本科教育後，即被日本軍少尉任用，被分發至關東軍駐牡丹江附近的部隊服役，並曾與中國共產黨領導的抗日部隊作戰。

　　但是加入皇軍才一年，1945年8月15日日本戰敗投降，二

戰結束，韓國獨立。朴正熙於1946年6月返韓，加入大韓民國國軍前身的「國防警備隊」，因為軍隊裡擁有高學歷的人才實在不足，朴正熙的軍階快速升遷。但是他因為加入「南朝鮮勞動黨」（即共產黨）的身分暴露遭到逮捕，面臨死刑懲處之際，他向同樣出身滿州軍校的陸軍情報局長白善燁上校求饒，以供出組織成員名單為交換而得到寬恕。這是他人生的再度變節（前一次是背叛民族投效皇軍）。此後他一路竄升，1960年1月調任釜山地區軍需基地司令，1960年12月8日升任第二軍副司令。

掌握軍事大權的朴正熙於1961年5月16日發動「五一六政變」，率領軍隊佔領了漢城市（今首爾）政府，5月18日美國政府發表聲明，支持政變當局，朴正熙政變宣告成功，當年朴正熙44歲，此後開始長達18年對韓國的鐵腕統治。

朴正熙於1963年當上總統後開始實施一連串經濟改革。朴正熙於1967年再次當選為總統。當時的韓國憲法規定，總統最多只能連任兩屆，朴正熙為了在兩屆總統任滿後繼續連任總統，無視人民輿論，著手修改憲法。經過長時間的謀劃，朴正熙於1972年10月17日發表總統特別宣言，主要內容是：「解散國會，停止一切政治活動，由非常內閣修改憲法，之後進行國民投票並頒布維新憲法等。」宣布在韓國全境實行戒嚴，這就是所謂的「十月維新」，又稱「維新政變」。靠著維新憲法，朴正熙在1972年又當選總統。朴正熙擴大中央情報部，接著又頒佈了《一至九號總統緊急措施》，「禁止以集會、示威或報

紙、廣播、通訊等公眾傳播方式，以及文件、圖書、錄音帶等媒介，否定、反對、歪曲、毀謗或要求廢除大韓民國憲法的行為」，不經事前批准，學生不得參加集會示威及其他政治活動，限制新聞和言論自由。將許多愛國人士與無辜人士關入監獄，剝奪了人民追求民主的權利，有如韓國版的「白色恐怖」。

朴正熙打擊政敵更是無所不用其極，最有名的當屬發生於1973年8月8日的「金大中綁架事件」，韓國中央情報部幹員將朴正熙最大的政敵，也就是之後韓國第15任總統金大中，從日本飯店綁架到船上後意圖將其丟入公海溺斃，遭到美國CIA全程監控並緊急救援而宣告失敗，一度造成韓日關係高度緊張。

此外，朴正熙對於經濟力量龐大的華人懷有戒心，對在韓華僑採取了極度苛刻的排華政策。朴正熙於1968年7月3日公佈了《外國人土地法》，大力限制了在韓華僑的經濟發展。該法主要內容是限制外國人最多只能持有一個住宅和一家店鋪，住宅面積不得超過200坪，商用土地則不得超過50坪，且禁止出租名下房地產。對於華僑貿易業亦有種種限制，使華僑經濟面臨崩潰，只好轉而經營門檻較低的餐飲業，並限制華僑每3年都要申辦延長居留許可。華僑不具有參政權，也無法從事公務員、教授、律師等職業。種種不平等待遇使得韓國被稱為「世界上唯一華僑難以生存的國家」，有能力的華僑大都移居到美國、臺灣及其他地區，在韓華僑人數因此大幅減少。

朴正熙雖然極度排華，但由於從小受日本式教育並參加日

本軍隊，朴正熙立場親日，主張韓日關係正常化，不顧韓國人民的強力反彈與日本建交。1965年6月22日韓國與日本正式簽訂韓日基本條約，日本政府向韓國提供7億美元，包含3億美元無償貸款及2億美元的長期低利貸款與2億美元企業貸款。韓國從與日本建交中獲得許多經濟利益，成為韓國主要貿易夥伴，但也造成韓日之間的歷史仇恨遲遲無法解決。

1974年8月15日，朴正熙在慶祝韓國光復二十九週年的大會上發表演說時，旅日韓僑青年文世光持槍刺殺朴正熙，朴正熙逃過一劫，但第一夫人陸英修女士中彈去世。造成韓日關係一度差點斷交。

1978年，朴正熙第五次當選總統，利用總統的權力一意孤行，激起了韓國各階層人民的反對。各地區反對獨裁的遊行示威不斷，釜山和馬山等地的大學生、工人與市民掀起了聲勢浩大的反獨裁、爭民主的運動，並與警察展開搏鬥。朴正熙聽信侍衛長車智澈的主張採用鎮壓手段將群眾的反對烈火撲滅，中央情報部部長金載圭為代表的穩健派則主張應採取溫和手段，努力緩和與人民之間的矛盾。雙方分歧因而逐漸擴大。

1979年10月26日，主張強力鎮壓的車智澈與主張溫和手段對待的金載圭共進晚餐時意見不合，發生激烈爭吵，金載圭根據事先安排，刺殺了朴正熙，結束了朴正熙長達十八年半的執政生涯。

朴正熙1971年開始以「新鄉村計劃」帶領韓國農村走向現代化之路，政府利用農閒時，號召農民一起整修茅草屋與農

路並拓寬道路。以現代化水泥建築取代茅草屋，修整村落之間的道路，共同開鑿地下水道，農村電力化、山丘綠化等成果。並採用最新的農業技術和聯合耕作方式使稻作和蔬果農產品產量大幅增加，1970年到1977年，每公頃水稻產量從3.5噸急速增加到4.9噸。新鄉村運動不僅促進了農業的發展、農村現代化，改善了農民經濟，還為工業的進一步發展奠定基礎。

朴正熙在1962年到1979年實施共四次經濟開發五年計畫，從建立基礎設施到建設重工業（第三次經濟開發五年計畫時期1973年興建浦項鋼鐵公司），一步步將農業為主的經濟體系提升至重工業為主，自給導向的經濟體系也轉為出口導向為主。1977年設置科學財團基金，由政府提供研究經費給應用及工學研究部門研究計畫，以促進科學技術發展事業。為韓國日後的高科技產業發展打下穩定的基礎。

發展公共交通系統和高速公路的建設，例如：1968年12月，京仁高速公路建成，將漢城（現今首爾）與仁川市連成一體，1970年7月，京釜高速公路完工，拉近了漢城（現今首爾）與釜山的距離。1974年8月15日漢城地下鐵一號線，從漢城車站（今首爾站）至清涼里站正式通車。公共建設加速了韓國物流的速度，也使城鄉之間的距離拉近了許多，奠定了日後韓國經濟與現代化發展的基礎。

上述經濟政策使韓國邁向現代化並為重工業打下穩定的基礎，但因朴正熙為慶尚道出身，只偏重在慶尚道的投資與發展重工業，導致經濟嚴重發展不均，更加深了慶尚道與全羅道之

間的地域仇恨。

　　朴正熙政府推行建立財閥制度，當發現中小企業由於技術力量薄弱和資金短缺等劣勢因素影響著他們在國內外市場的競爭力時，就轉而支持建立財閥企業，並給予財閥許多優惠政策，使中小企業在韓國難以生存，直至今日，韓國財閥在韓國經濟貢獻上仍處於主導地位。

　　朴正熙的功過讓後世評價毀譽參半，他帶領的經濟計劃創下了「漢江奇蹟」，對韓國現代化與經濟的貢獻，確實受到肯定，但他在政治方面專斷獨行，實行鐵腕政策，完全聽不進半點他人的意見，限制人民發聲權利，罔顧人權，使韓國的民主化歷程一度面臨停滯，有「獨裁者」的負面評價，以一句話來概括，「朴正熙發展經濟是九十分，但在民主與人權則是零分。」

金大中

　　金大中是大韓民國第十五任總統，1924年1月6日生於朝鮮半島西南木浦外海荷衣島一個小漁村，號「後廣」，源自他的出生地「後廣里」。別名忍冬草，他擁有政治學博士的學歷，在朴正熙、全斗煥獨裁政權期間多次因民主抗爭入獄，被稱為「亞洲的曼德拉」，是2000年諾貝爾和平獎得主。他先是從商人變成記者再成為政治家。

　　從政前金大中受到父親的影響。他的父親是一位村官，家裡每天都可以收到公家發來的報紙《每日新報》。受到家庭的影響，金大中從小就對政治感興趣。在他八、九歲的時候，就經常閱讀報紙上的政治報導。

　　荷衣島上沒有正規的小學所以金大中七歲時，他父親把他送進了島上的一個私塾學習。金大中自幼聰明，在私塾考試中成了狀元。在金大中四年級時，為了能使他繼續上學，在他母親的堅持下，變賣了祖產搬家到了木浦市。

　　1939年4月，金大中以第一名的成績從木浦小學畢業後，以第一名的成績考入五年制的名校木浦商業學校。

　　韓國光復後，金大中被推舉為原日本海運公司的運營委

員會會長，接管了公司一段時間。後來美軍政廳收回了公司的管理權，但金大中作為職員代表親自去漢城談判，要回了管理權。他在商界的威信因而樹立。

金大中在大兒子出生後不久，成立了自己的木浦海運公司，經營木浦到釜山、群山、仁川間的海運業務。

在經營海運業務的同時，他還加入了一家原由日本人經營的報紙《木浦日報》。他很快從報社的見習編輯和記者轉為高級編輯和記者。1948年，由於表現傑出，25歲的金大中成為了木浦日報社的社長。

1950年6月25日，韓戰爆發。當時，金大中正在漢城出差。戰爭的混亂迫使金大中要儘早返回家鄉。當時金大中的家是附近最大的房子，金大中回家時，他的家已經被沒收了。金大中的夫人當時要臨盆了，全家人都躲到了一個防空洞內。金大中的二兒子就在防空洞內出生。回到木浦的第三天，金大中就被當成「資本家」被北韓軍逮捕了。金大中的弟弟和岳父也都被抓了起來。金大中被關了兩個月，原本是要被處死的。但後來由於聯合國軍登陸仁川，駐木浦的朝鮮人民軍匆忙北撤，他才得以倖免一死。

金大中棄商從政的決心從1954年開始，他放棄了蒸蒸日上的海運事業，開始了坎坷的政治生涯。

金大中於1954年在木浦參加第三屆國會議員選舉。勞動工會是執政自由黨的組織，對木浦選舉影響很大。木浦勞動者工會因為金大中幫助他們改善工作環境所以對他全力支持，但

因金大中反對李承晚的獨裁統治，所以他不願參加自由黨。最後，金大中以無黨派身份參加選舉。但後來自由黨逮捕了工會的所有幹部，理由是他們做為國家幹部不支持自由黨候選人而去支持無黨派候選人。因此金大中的第一次參選出師不利因而宣告失敗。

1956年9月25日正式加入在野的民主黨。1958年，金大中在麟蹄郡參加第四屆國會議員選舉。金大中的參選活動遭到執政自由黨重重阻撓，因此候選人登記最終被認為無效。同年6月，金大中參加補選。為阻礙金大中當選，執政黨指稱金大中是「赤色分子」，並在選舉中作假。第二次參選議員因此再次落選。

1960年7月，金大中再次在麟蹄郡參加第五屆國會議員選舉。但這次選舉是歷史上第一次缺席投票選舉，支持金大中的軍人們不能參加選舉，結果金大中再次失敗。不過在選舉中他的才華被國務總理張勉賞識，而提拔為民主黨的發言人。

1971年，金大中首次參加總統大選，險勝朴正熙。當時有的評論認為，「如果有公正的選舉機構監督，正確計算選票，金大中肯定當選總統。」正是從這次大選開始，朴正熙政權決心不惜採用任何手段除掉金大中。

金大中的政治生涯一路不順遂，一直遭受迫害。1971年8月，金大中在前往光州參加選舉途中被朴正熙政權精心設計的車禍撞成重傷，骨關節感染留下後遺症，造成一隻腳跛行。此外，1973年8月8日，他在東京被朴正熙政權中央情報部特工綁

架，險被丟棄大海。不僅如此，金大中在1976年3月1日被朴正熙當局宣佈違反禁止批評「維新憲法」的《第九號緊急命令》而被捕，後被大法院判處5年監禁，並剝奪5年公民權。

1980年5月17日，金大中因被控策動4月發生在光州地區的民主運動遭到逮捕，並以「叛國罪」被帶上法庭。金大中遭受的迫害還沒結束，同年的11月，金大中被軍事法庭以「陰謀內亂罪」判處死刑。在美國的壓力下，金大中被改判為無期徒刑、20年徒刑、緩刑，並於1982年放逐美國「就醫」，開始了第二次流亡。

1984年金大中回國，但仍然沒有人身自由。他的郵件被檢查、電話被竊聽，連家人出門也常常受到盤問。

1992年大選落選後，金大中宣佈「引退」，辭去國會議員並退出政界。9月，他在莫斯科俄羅斯外交學院通過了政治學博士論文答辯。金大中向外界宣佈退出政壇時，許多人認為他將就此淡出政壇。不料，臥薪嚐膽的金大中不但捲土重來，經歷了艱苦的歷程後終於熬出出頭天，在1997年12月以73歲的高齡擊敗所有的對手競選總統獲勝，成為韓國自1948年建國以來第一位在野黨領導人當選的總統。他洗刷了「萬年候選人」之譏，正式成為「大統領當選人」，也是百濟人一千多年來的出頭天。

由於金大中和南非總統曼德拉有著相同或相似的經歷、都遭受過多年的牢獄之苦，政治生涯又同樣歷經磨難，所以金大中被一些韓國人稱為「韓國的曼德拉」。

　　金大中的大半生都在為韓國的民主奮鬥。為此他幾度入獄，在獄中度過了六年，兩次流亡國外，五次面臨死亡威脅。金大中入主青瓦台，成功實現韓國憲政史上第一次政權的和平交替。很多韓國人認為金大中在朴正熙主導了韓國的經濟發展後，主導了韓國社會的民主化。有韓國學者認為隨著金大中的辭世，韓國社會已經告別了「現代化第一階段」。在金大中逝世後，韓國時任總統李明博稱讚他是「在職業生涯中是一名不知疲倦、捍衛民主的鬥士」。《時代周刊》說：「八十五個春秋，從貧民到總統，金大中用自己的生命故事照亮了韓國的夜空，映照著韓國從專制到民主的轉型歷程。」日本《朝日新聞》稱金大中的離去是韓國政治「巨人時代」的終結，並認為他要比韓國以往任何一位總統更能在歷史上留名。

　　金大中執政之初，正值亞洲金融危機襲捲韓國。金大中通過對企業、金融、公共部門和勞資四大領域的改革，在很短的時間內帶領韓國民眾克服了危機，並實現了韓國經濟從出口低級產品，轉向以資訊為主的高科技型經濟的轉型；而且，他在三年內就償還了國際貨幣基金（IMF）584億美元的紓困貸款。金大中在執政期間開展的企業民營化、改善國民年薪制度、提高婦女地位、改善醫療保健體制、改革納稅體系、穩定市民房價等政績也都得到韓國民眾的好評。

　　人總是有不完美的地方。民調顯示33%的人認為，反腐不力和用人不當是金大中執政期間最大的失誤。另外，金大中的親信在首次朝韓首腦會晤前通過現代集團向朝鮮提供四億美

元，也使得金大中的「陽光政策」遭到批評。不僅如此，金大中曾就前總統金泳三的兒子受賄入獄之事進行強烈批評。但是在金大中執政期間，他的三個兒子卻紛紛因涉嫌受賄或逃稅被起訴或拘捕。這不得不說是這位反腐總統「晚年最大的悲哀」。金大中在卸任之前也公開表示，在他執政的五年間最大的憾就是沒有管教好自己的孩子。

金大中的一生是一部濃縮的韓國現代史。金大中在85歲生日時，在日記這樣評價自己的一生：「回頭看是個波瀾壯闊的一生。是為民主不惜獻出生命鬥爭的一生，是為拯救經濟、打開南北和解之路傾注渾身努力的一生。儘管我的人生並不完美，但我並不後悔。」

金泳三

　　金泳三（1927~2015），為大韓民國第14任總統，本籍為慶尚南道金寧，號巨山。於1927年出生於慶尚南道的巨濟島的遠洋漁業家庭，是六個孩子中唯一的兒子，排行老大。1952年畢業於漢城大學（今日的首爾大學）哲學系，同年他與在大學時期認識的妻子孫命順結婚，育有二子三女。

　　畢業後，他迅速投入政治生涯，1954年金泳三當時僅僅26歲，參選第三屆國會議員選舉當選，成為歷來最年輕的國會議員，亦為朴正熙維新政權時的在野黨領導者，同時以民主黨國會黨鞭、民政黨發言人、新民黨國會總召的身份領導民主化運動。

　　朴正熙政權時期，金泳三曾受到醋酸恐嚇事件壓迫。1979年10月「YH貿易」女工靜坐示威事件以後，他接受「時代雜誌」訪問，在訪談中主張美國應撤回對朴正熙政權的支持，朴正熙維新政權以此發言為由將他議員職除名，並且遭到軟禁，此風波進而觸發釜山與馬山的民主抗爭（10.16.~10.19.）。

　　1979年10月26日，朴正熙遭到暗殺，韓國從這期間到隔年初曾經出現短暫自由，被稱為「漢城之春」，金泳三、金大中

與金鍾泌為爭奪維新政權後轉變後的領導權位競爭，金泳三無暇關注全斗煥所要策動的政變，結果全斗煥透過517戒嚴的政變獨攬大權，金泳三再度遭到軟禁。1983年五一八光州民主化運動三週年紀念日開始，金泳三投入絕食抗爭，在身心衰弱的情況下入院，當時民主正義黨事務總長權翊鉉代替全斗煥三度前往醫院訪問皆遭到拒絕，他終於在6月10日停止為期23日的絕食抗議。

　　1985年他與金大中合作組成「民主化推進協會」，使民主陣營有明確組織，1986年展開共有一千萬市民參與的總統直選修憲的聯署運動。1987年5月退出新民黨，組建統一民主黨，同年十二月韓國舉行民主化後第一次總統直選，民主陣營以他與金大中兩人聲勢最大、勢均力敵。因進步派的票源遭到瓜分，而且兩人整合不成，鷸蚌相爭之下，讓全斗煥的接班人、政變的同夥盧泰愚坐收漁翁之利，當選第13屆韓國總統。

　　儘管敗選，他仍領率民主陣營對抗政府，但盧泰愚上任兩年之後，因國會「朝小野大」的結構，政務無法推動，於是策劃收編金泳三領導的統一民主黨，與執政的民主正義黨、以及金鍾泌的新民主共和黨三黨合併為「民主自由黨」。1990年，變節投靠盧泰愚的金泳三，被三黨聯合之民主自由黨推舉為代表最高委員。同時可掌握進步保守兩大票源，徹底將金大中完全孤立。

　　他原本做為民主鬥士，為了當上總統卻投變節靠執政黨，像是與惡魔的交易一般，在總統權位的誘惑下，民主的理想看

　　來顯得站不住腳，儘管如此，金泳三於1992年贏得大選，1993年就任第14屆總統，結束32年來的軍事政權成為民主化後首位「文人總統」，開展第一個文人政府。但從變節事件可以推敲出他的政治評價為何毀譽參半。

　　為了有別於之前的軍事獨裁政權，金泳三稱自己的政權為「文民政府」，他標榜清廉與肅貪，強力追究官僚的腐敗行徑，並力促公職人員財產透明化。上任之初，金泳三即公開自家財產以示清白。並且提出「導正歷史運動」企劃，指示制定特別法，成立特別偵查本部，將國軍內部的幫派組織「一心會」解散，以求此後不再發生軍事政變。1994年將軍事政權時期遭迫害入監的朴勞解、金南柱、馬光洙等作家，及其他政治犯釋放，並且提拔洪準杓、吳世勳等軍事政權無關的新進官僚。同年年底公布地方自治法，於1995年實施516軍事政變後首次全國同步的地方選舉，並且為達到歷史清算，將光復後被當總理府與國立中央博物館使用的日本朝鮮總督府建築爆破拆除，此舉使金泳三得到高達九成的支持率。

　　1995年7月，因檢方表示「對於成功的軍事政變沒有處罰的權力」，並未判定前軍事政權叛亂罪、內亂罪，並且做為「無法提出告訴」的處分，導致韓國民眾希望予以制裁的民意高漲。在8月時，總務處長官發現前任總統中的一人持有四千億韓元以上的非法資金，在當時被認為是盧泰愚所收受。同年12月憲法裁判所否決檢方不起訴的主張，國會通過對518民主化運動的正名，也通過兩項永遠可以追訴的特別法：「518

民主化運動特別法」、「破壞憲政秩序犯罪之公訴時效特別法」。

在1996年1月23日，全斗煥與盧泰愚等八名關係人遭到起訴，並且搜查全斗煥、盧泰愚兩位前總統的秘密資金、追究軍事政變及517政變與518民主化運動鎮壓的叛亂、謀殺與貪污罪嫌。金泳三為了與軍政時期的政權脫鉤，1996年2月時將「民主自由黨」的黨名改為「新韓國黨」。於1996年3月，全、盧兩人出庭受審，全斗煥被判決死刑、盧泰愚為22年半有期徒刑，後來獲得減刑，兩年後得到特赦。

在1960年代，經濟起飛的韓國為滿足投資需求，曾允許法人與個人在金融交易時可用假名開戶，此舉造成地下金融交易風氣興盛，然而官商勾結、賄賂猖獗，以假名活動使身份無法辨識，許多政商界人物透過不正當的方式得到大量來路不明的錢財，不管是儲蓄或是投機行為，假名制度的確是嚴重的弊端。

金泳三在上任之初，為限制與處罰假名不正常帳戶，開始計畫實施「金融實名制」，而在1995年以「緊急命令」方式公告立即實行金融實名制，於當年8月12日執行，規定凡沒有進行實名確認的任何資金皆不能提取，過去沒有按本名開戶的金融財產，必須於兩個月內轉為實名，對假名金融交易課以重稅，以杜絕逃稅及不法資金於地下流動，這讓金泳三當時獲得8到9成的極高支持率。但這些改革也造成許多反對勢力，並且因為其政策的草率實行，造成韓國經濟的畸形發展。

金泳三在任期間，全球經濟一直動盪不已。1994年末，墨西哥爆發的金融危機震撼了南美洲甚至全世界；而在1997年，泰國的經濟崩潰造成亞洲地區極大的波瀾，即亞洲金融風暴。雖金泳三於1993年2月上台後提出了「新經濟五年計劃」（1993年～1998年），在此計劃中提出行政改革、產業結構和金融體制改革。金泳三政府為了加入「經濟合作與發展組織」（OECD）大幅開放外國資本帳，加上雖然實施金融實名制，仍無法成功控制大財團的利益勾結，疏忽強化金融監管及開放市場的配套措施，放任銀行借入外債並低利貸款給財閥，甚至強化了財閥，使得韓國經濟暴露在脆弱的危險情勢之中。

在1996年韓國成為了OECD成員，這標誌著韓國基本上擺脫了發展中國家的地位，進入先進國家行列。但隨之而來1997年亞洲金融風暴發生，大量銀行與企業無法承受衝擊而倒閉，年底「起亞財團」破產，政府也沒有欲協助救濟的跡象，導致外國熱錢全被抽離，國家經濟瞬間崩盤，韓國銀行企圖開放外匯存底，然而外匯僅剩50多萬美元，無能挽回並導致韓元大幅貶值。政府最終只能向國際尋求協助，向國際貨幣基金（IMF）要求申請救濟貸款，這在當時韓國民眾心中是極大的恥辱。

導致他不得民心的原因，除此之外還有執政中後期政府人員弊案頻傳，自己的孩子也捲入其中。1997年2月金泳三的次子金賢哲因收受賄賂與權力濫用嫌疑遭到逮捕，金泳三為此向國民發表道歉聲明。此外任期末與下屆總統金大中協議特赦全

斗煥、盧泰愚，也使他的政策前後不一致，最後金泳三的總統生涯以低迷的支持率於1998年落幕。而退任時回想過去，金泳三說道：「榮耀之時很短暫，痛苦與苦惱的時間很漫長。」卸任後的金泳三仍然無法從他的政治作為與立場解脫。退職後兩年他遭到民眾噴紅漆攻擊洩憤。

在2009年金泳三因中風開始接受治療，於2013年的春天病情惡化，之後反覆出入醫院，於2015年11月22日0時22分，金泳三因敗血病與心臟衰竭病逝於首爾大學醫院。他的葬禮為大韓民國最初以五日的國葬方式舉行，安葬於首爾。

金泳三因總統上任前一直為反獨裁抗爭的領袖，其所做的努力在當時得到讚賞，上任後繼尹潽善政權卸任的31年後再度創造的文人政府得到了很高的評價，對於歷史清算、轉型正義也有貢獻。再來，為政治上安定將軍方不正勢力剷除也為以後的政權和平轉移鋪路。經濟的方面則是實施五年計劃，使韓國經濟快速成長到先進國家之列，直到如今也承襲著此基礎穩定發展。

世人對他的負面評價也不少。像是1987年總統大選敗選後，為當選不惜採用三黨合黨的方式與獨裁政權聯合的「野合」。以及在任期間缺乏對於經濟方面的認識，雖大刀闊斧地實施金融改革，卻因實踐的考量不足、加上對財閥立場還是無法強硬而滋生弊端，因金融危機引起的各事件而遭受批判。還有他所強調的廉能政府下，官員貪污事件層出不窮，甚至連兒子也不爭氣的捲入其中，作為父親面子應是保不住。政權的最

終，金泳三仍舊無法挽回頹勢，黯淡下台。

　　金泳三從十八歲就立志當總統，他在寢室床頭貼了一張紙，上面寫著「大韓民國未來大統領」，狼狽下台後被韓國人譏為從小就得了「總統病」絕症的人；1992年當選那天晚上，他仍一如往常換上運動衣褲去慢跑，有記者問他：「您這麼喜歡運動，不怕人家笑您『四肢發達頭腦簡單』嗎？」金泳三回答說：「腦袋可以借別人的，但身體健康是借不到了。」金融危機爆發之後，韓國人才發現「他連借別人腦袋的腦袋都沒有！」對這位歷來最無能的大統領極盡嘲諷。

全斗煥

　　2021年11月23日全斗煥死了，韓國人幾乎舉國歡慶，但是對他一直到死對光州大屠殺都沒有一句道歉，則舉國痛罵。年輕世代甚至網路平台很多人都說，應該對這個殺人魔「剖棺斬屍」或「割頸斷頭」，顯示受過民主薰陶的年輕世代對這個「歷史罪人」都是負面的評價。連媒體也是對他全面負評，對他說過的話，在螢幕上打個大大的問號，或是加上一句句的嘲諷或反問。文在寅總統決定不去弔唁、不送花籃、不給予國葬的禮遇，遺體火化後也不知要葬在何處，只能用「死無葬身之地」來形容。

　　1979年10月26日，獨裁統治十八年的朴正熙總統被中央情報部長金載圭刺殺死亡，在權力真空的一個半月亂局後，12月12日全斗煥發動政變，逮捕當時掌握最高軍事權力的陸軍總司令兼戒嚴司令鄭昇和，後來一步步篡奪政治權力，架空代總統崔圭夏，雖然掌控了軍權，但政權仍在文官手中。

　　次年五月，他設計了一個陷阱策略，宣布全國戒嚴並逮捕光州出身的反對黨領袖金大中，激怒光州人挺身上街抗爭，讓全斗煥有了強力鎮壓的口實，藉著屠殺光州來震懾全國，進一

步掌控了政權。因此韓國人稱518光州事件是全斗煥的第二次政變。光州事件的十天當中，一共有209人死亡，四千三百多人輕重傷，受難家屬因而跟全斗煥結下不共戴天之仇。當年九月一日，全斗煥在自己任命的選舉人團的選舉中當選，正式就任總統。他的政變因而被譏為史上最長的政變，在八個半月之後才坐上權座。

尤有甚者，光州大屠殺擴大了韓國的「地域仇恨」。原本就不相往來的全羅道（百濟）與慶尚道（新羅），從朴正熙獨裁時代因為「重工輕農」的不均衡發展政策（投資與工業發展都在慶尚道），已被擴大撕裂，光州事件讓兩邊的仇隙更大更深，完全無法癒合。

1981年9月30日，在西德巴登巴登舉行的國際奧委會第84次會議上，通過1988年夏季奧運會在漢城舉行，南韓舉國歡騰。其實，這是全斗煥在策士獻計下，為了轉移人民對他政變的不合法性以及高壓統治的不滿，所做的伎倆。此後，「一切建設為奧運」並以推動奧運帶動經濟發展，成為南韓全民拼命以赴的目標。

1982年，南韓進一步推動職業棒球，藉由發展體育與運動賽事，讓人民的視線投注其中，也意圖藉此讓大學生消耗體力，而無力上街參與反政府的示威抗爭。此外他也放寬電影審查，對色情產業持縱容的態度，用「3S政策」（Sports, Screen, Sex）來糜爛社會轉移人民的焦點。

全斗煥跟朴正熙都靠政變掌權，但是軍人沒有錢怎麼搞政

治？於是他們都把腦筋動到日本這個鄰近的富國，日本因而成為軍事獨裁的「提款機」。1981年五月，全斗煥派他的外交部長盧信永訪問日本，交涉借款一百億美元，把日本嚇壞了，問南韓何以需要這麼大筆錢？韓方的答覆是「南韓在第一線防衛日本免於受到蘇聯與中國的侵略」，讓日本感到啼笑皆非。保障日本安全的是駐日與駐韓美軍，怎麼會是南韓呢？談判破裂的南韓外長盧信永竟然怒氣沖沖拂袖而去，來借錢的人比被借錢的還兇，讓日本大開了眼界。

後來南韓自知理虧，於是第二輪的談判時韓方自動降價為六十億美元，最後到1983年總算以四十億美元成交。這段歷史南韓的年輕世代幾乎完全不知道，因為南韓官方與教科書刻意隱瞞這段史實。日本前駐韓大使小倉和夫2013年出版的《秘錄・日韓一兆円資金》，證實了談判過程的細節。

為了答謝日本願意借款，1983年一月南韓邀請日本首相中曾根康弘訪韓，全斗煥在國宴上還與中曾根合唱〈情人的黃襯衫〉（原為韓文歌，後來有日文版與中文版歌詞），兩人擁抱交杯合唱，為歷來僅見的日韓融洽。隔年九月，全斗煥報聘回訪日本，因而成為「唯一訪日的南韓大統領」，真正的原因就在於「借錢成功」。

然後在1983年六月南韓由公營的KBS電視台推動「一千萬離散家屬尋親轉播活動」，時間長達半年之久。起初只能在國內為離散家屬尋親，後來進一步擴大到尋找流落在北韓的親屬，於是在1985年就以人道主義為由，南北韓同意舉行「紅十

字會談」，後來又有「經濟會談」、「體育會談」等。

　　全斗煥政權的「尋親運動」，其實也是精心策畫的「一石多鳥」策略。北韓當時也配合南韓的演出，當年五月，南北韓還舉辦了離散家屬互訪故鄉的活動，各組了150人家屬團到對方首都訪問三夜四天。當然雙方各懷鬼胎都把互訪活動當作政治工具在操弄，離散家屬只能在公開場合會面一個小時，隔天就要打道回府，如此的樣板探親反而更加深了離愁與思念之情；可能幾個月之後，就會接到從日本轉來的信函說「某某的親人已經辭世」，或是日本轉來的骨灰罈。這樣的政治操弄實在太殘忍了。

　　流落在北韓的親屬能找的都找到了之後，接下來就是尋找在中國東北與蘇聯遠東地區的離散家屬了。至此，尋親運動已經成為南韓「北方外交」（與蘇聯中國建立邦交）的工具了，為了人道主義的尋親，南韓必須尋求與中蘇的紅十字會等非官方機構的協助，儘管這只被視為民間層次的交流，但後來逐步擴大到「半官方」與「官方」的接觸。所以稱讚全斗煥促成南北韓的第一次談判，實在太過牽強。這跟爭取主辦漢城奧運一樣，都是在權謀策士的獻計下所規劃的。

　　再來看全斗煥對經濟發展的貢獻，這也是他最得意的政績，甚至被南韓與國際媒體所肯定，但事實真相果真如此嗎？其實大錯特錯！先講一個真實的故事。李明博當總統時，曾經把幾位當時仍在世的前總統邀請到青瓦台共進午餐，全斗煥遇到金泳三時譏笑他說：「不會搞經濟也能當總統啊？」（金泳

三任期最後一年爆發金融危機），金泳三則反唇相譏：「我至少沒有像你殺人如麻！」兩人差一點大打出手。

全斗煥的經濟成績，其實真正要感謝的是《廣場協定》（Plaza Accord）。1985年9月，五大先進工業國的財政部長在紐約「廣場飯店」集會，討論讓美元貶值的問題，後來簽署的協定就稱為《廣場協定》。從此日圓快速升值，從一美元兌換240日圓一路狂升，曾經一度升到一美元兌換80日圓，後來才穩住一美元兌換100日圓至今。而台幣跟韓元也跟著日圓升值，1986年起台幣對美元的匯率從一美元兌換40元，曾一度飆升到一美元兌換25元，後來貶回一美元兌換30元至今。1980年代後半期韓元也是一樣跟著日圓升值。

貨幣大幅升值之後，整個社會也跟著富足了。1980年代後半期，韓國媒體經常發表民意調查，自認為屬於「中產層（中產階級）」的人民，已超過半數以上，達到55%~60%，韓元升值讓中產階級大量興起。經濟發展理論常說「經濟發展會帶動民主化」，這是唸過大學的人都知道的常識。但是「中產階級成為一個社會的主流與多數之後，就不可能再以獨裁高壓的手段來統治」。韓國如此，台灣也是如此。所以兩國的獨裁政權後來都在「由下而上」的抗爭壓力下向民意投降，而宣布民主化與自由開放。

全斗煥執政時經濟持續穩定，而且呈高速成長，真正的功勞在於《廣場協定》，算是他好狗運，絕不是一介草莽軍人有多大推動經濟的能力。

　　最後，還必須提一件全斗煥的惡劣事蹟。1979年5月，金大中以煽動內亂罪在隔年八月被軍事法庭判處死刑，但是在美國為首的各國壓力下，全斗煥政權不敢執行。但是金大中的死刑，卻成為被南韓利用為對美談判的籌碼。美國前駐日大使阿瑪科斯特與當時的首席外交顧問艾倫，先後在《紐約時報》撰文指出，雷根為了救金大中同意邀請全斗煥訪美，使他成為雷根總統上任後第一個接見的外國元首。全斗煥政權把金大中的生命做交換條件，實在是骯髒又卑鄙的伎倆。

　　行文至此，大家應該可以知道：全斗煥這個「光州屠夫」究竟做過多少骯髒事，又做過哪些好事了吧。第一個促成南北韓會談的總統？第一個訪問日本的韓國總統？任內經濟成績亮麗？

　　全斗煥沾滿血腥的雙手，帶給光州與全羅道人無盡的「恨」，沒有一句的道歉就去見閻羅王，選他做為「50名人」之一就是要讓他遺臭萬年。

盧泰愚

　　盧泰愚於1932年12月4日出生於慶尚北道達城郡一個農民家庭，勉強以耕田維生。其祖父盧永洙是位精通漢學的書生，然因時局紛亂而隱居鄉野。這影響其父親盧秉壽亦襲有儒仕之風，儘管因家貧而小學中輟，常以其聰明才識幫助鄰里及代表向官府交涉卻不失內斂穩重。盧泰愚幼時盧永洙常向他講述家門「交河盧氏」的先祖事跡，尤以最具儒道的故事教授他。在祖父兩輩的耳濡目染下，盧泰愚逐漸培養起他不畏險峻追求正道的人格，因此深受家族疼愛與期許。然而，盧秉壽卻在盧泰愚七歲時不幸因車禍辭世，早來的打擊使得盧泰愚被迫長大，也在心中埋下無法釋懷的陰影。

　　在親戚襄助下，盧泰愚進入大邱工業高校就讀，並結識了日後成為梟雄的全斗煥。然而盧泰愚無法忘情其父驟逝的遺憾，決心從醫治世，因此計畫轉學到名校慶北中學再考醫科大學。刻苦精神和聰穎才智使他通過了錄取率10%的轉學考試，未來似乎順利地走在正軌上。

　　1950年6月25日，朝鮮人民軍越過邊境向南侵攻，漢城三日陷落。由於戰事惡劣，學校被迫停課，學生們如盧泰愚被徵

召投入了前線。在戰火的洗禮中，盧泰愚逐漸升上砲兵中士，遙遙無期的終戰和不斷倒下的同袍使他從醫的理想開始動搖。盧泰愚決定報考重新開辦四年制的大韓民國陸軍士官學校，以繼承父親高大挺拔的身材和此前慶北中學轉學考試的磨練，再度於更激烈的競爭中脫穎而出，於1952年4月1日入學。

陸軍士官學校在當時採行菁英教育，在課程和品德教育上皆給予學員非常多的要求和砥礪，盧泰愚並在這裡接觸到了西方民主思想，成為日後從政的濫觴。以理學士學位畢業後，盧泰愚掛少尉軍銜再次展開軍涯，並很快的以實質表現得到部隊的讚譽。在一次的檢閱中，時任師長的朴正熙注意到了這名傑出的軍官，對他頗為器重，兩者關係走向緊密。

1961年5月16日朴正熙發動軍事政變後，時任漢城大學軍訓教官的上尉盧泰愚立刻回到士官學校組織學生響應政變，並在1962年晉升少校。然而朴氏政權腐敗，讓擁護的青年軍官深感失望，有傳聞盧泰愚等青年軍官欲顛覆當時韓國最高權力機構國家復興最高會議。盧泰愚聞訊後做為代表坦然面對調查，並堅持所作所為沒有錯誤。議長朴正熙見其正直不苟且，出於惜才決定不予懲罰。盧泰愚之後被推薦進入陸軍大學並以中校銜畢業，隨後被派往越南。

盧泰愚在代號為「猛虎師」的首都機械化步兵師擔任營長，與在代號為「白馬師」的第9步兵師中擔任團長的全斗煥在越南有並肩作戰的經歷。回國後在1974年至1979年任空降部隊第9旅旅長，由於與全斗煥是陸軍士校同屆的舊識，在全斗

煥升任國軍保安司令後，1979年1月升至少將並推薦繼任為第9步兵師師長。兩人的情誼使得盧泰愚加入了全斗煥創立的「一心會」，一個遍布韓國陸軍的秘密幫派組織。第9步兵師駐守於漢城周遭，是首都的衛戍部隊之一，從此可看出朴正熙與全斗煥兩人對於盧泰愚之信任。

　　1979年10月26日，總統朴正熙遭到中央情報局長金載圭刺殺。動盪之際由國務總理崔圭夏代任總統、陸軍總參謀長鄭昇和擔任戒嚴司令頒布戒嚴，將局勢初步控制下來。隨後由全斗煥帶領的聯合搜查本部展開事件調查，同年12月12日，藉由少壯派軍官不滿的情緒，全斗煥發動一心會率領各自部隊控制漢城，逮捕鄭昇和一派勢力。全斗煥掌握了韓國軍權，盧泰愚被擢升為漢城警備司令，並在全斗煥當選總統後接任保安司令。然而在全斗煥任保安司令時，血腥鎮壓光州導致的五一八事件，盧泰愚被認為是幫兇之一，使得政府以強硬態度解決僵局。1981年盧泰愚以上將銜退役，結束30年的軍旅生涯。

　　由於和全斗煥合作愉快，退伍後隨即進入政界，在1981年出任主管安全和外交的政務部長。在漢城於1981年9月取得1988年奧運主辦權後，盧泰愚在1982年擔任體育部長和內務部長。1983年任奧運組織委員會委員長，並於1984年任韓國奧委會主席。除了有意拉抬盧泰愚的聲勢，在全斗煥支持下盧泰愚在1985年當選為國會議員，隨即1985年至1987年8月任全斗煥所創立之民主正義黨的代表委員，後來擔任黨總裁。這一連串的操作很明顯的是全斗煥打算以盧泰愚做為其接班人，由於全

斗煥悍然拒絕修憲改為總統普選，引發了漢城及其他地區的大規模示威，史稱「六月抗爭」的民主化運動。

由於漢城正值奧運會的籌備而使得政局動盪受到世界矚目，為避免影響國際聲譽和騷亂再起，先是全斗煥宣布不競選連任，後盧泰愚於6月29日發表「民主化宣言」，宣示將結束軍事獨裁統治並釋放政治犯，也通過公投修改憲法來保證承諾總統直選。盧泰愚信守承諾，1987年10月國會通過第九次憲法修正案，憲法中規定恢復總統直選，任期縮短為5年，不得連任，並取消總統解散國會的權力，以示終結獨裁統治之決心。

同時積極準備以盡快舉行公平的民主選舉，如此戲劇性的結果使得反對派手忙腳亂，導致就要推選反對黨領導金泳三或金大中出馬競選而內鬨分裂。結果金泳三和金大中整合失敗，各自參選，在瓜分票源下使得在首次民主總統選舉中，盧泰愚以些微差距擊敗了金大中和金泳三和金鐘泌等三金，於1988年2月25日正式就職韓國第13屆總統，是在沒有大量選舉舞弊和選舉公平公開的情況下首位民選的總統，「第六共和」正式上路。

盧泰愚就職後，在1988年7月7日發表對南北韓民族和解的宣言，放棄強硬的對北外交封殺政策。此舉是盧泰愚希望改善與中華人民共和國及蘇聯兩大地緣強權並連帶增進與其他共產國家的關係，同時促進經貿交流發展，並隨即與前鐵幕國家展開建交談判，史稱「北方外交」。結果收效頗豐，從1989開始短短兩年間陸續與匈牙利、波蘭、南斯拉夫、捷克斯洛伐克、

保加利亞、蒙古、羅馬尼亞、蘇聯與阿爾巴尼亞建立了外交關係，其中盧泰愚並和蘇聯總統戈巴契夫親自會面達成建交協議。1992年8月24日，大韓民國宣布與建交43年的中華民國斷交，並與中華人民共和國建交。

　　盧泰愚在幼時即知其家族姓氏溯源可至中國山東，對中國抱有好感。建交後一個月即去中國訪問，與中國總書記江澤民和國家主席楊尚昆等領導人會面。在經濟上盧泰愚提出公平的經濟發展口號，使得基本工資獲得調整，並和部分財閥交鋒。儘管此舉使得韓國經濟成長率降低，然而普遍獲得人民的贊同。盧泰愚也有意包庇全斗煥之腐敗惡行，受到在野黨揭發後才被迫進行偵查追訴。儘管全斗煥部分家人和親信遭到逮捕處刑，全斗煥依然安然抽身，隱居在深山裡的寺廟中。

　　上任兩年後，因為「朝小野大」的政局，政務無法推動，盧泰愚暗中策反金泳三和金鍾泌的政黨，與執政黨合併成民主自由黨，史稱三黨合併，以此對抗最大敵人金大中。1992年12月民主自由黨候選人金泳三擊敗金大中當選為第14任總統。

　　盧泰愚本來的計畫是支持金泳三以確保他和全斗煥不被司法追訴，然而沸騰的輿論和強大的國會壓力迫使金泳三棄車保帥，展開對全斗煥執政以後的貪瀆行為的調查。全盧兩人眼見情勢不利，於是自首並在全國人民面前發布道歉聲明。1995年11月16日盧泰愚以有違法受賄之嫌疑被捕，全斗煥亦在12月3日被捕。兩人被起訴後，12月18日在漢城地方法院出庭受審，成為韓國史上在法庭接受公開審訊的前總統。1996年3月，漢

城高等法院以叛亂罪和內亂罪、內亂目的殺人罪、謀殺上司未遂罪及受賄罪等，分別判處全斗煥死刑與盧泰愚22年6個月。上訴後，分別減刑為無期徒刑與17年，並隨即入獄。

　　1998年2月，新上任的總統金大中以全盧兩人有功於韓國經濟，並為促進國民和解共赴金融危機的國難，予以特赦釋放。不過因為貪腐被判決要返還的2628億韓元並沒有免除，盧泰愚直到2013年才還清。但相較於全斗煥還積欠數千億而毫不在意的樣子，盧泰愚至少在挽回自己人格上做了最大的努力。之後盧泰愚在2000年再次到訪中國，拜訪嚮往已久的家族發源地山東長清縣，此後隱居民間，於2021年10月辭世。

盧武鉉

　　盧武鉉，韓國第十六任總統，從政前曾任法官、律師。出生於慶南金海市進永邑峰下村，他是家裡三男二女中的老么。家裡生活十分貧困，讀完初中後，沒能繼續讀高中，而是去就讀可以提供獎學金的釜山商業高中。高商成為他最後的學歷，這使他成為韓國歷史上學歷最低的總統，他因此被稱為「平民總統」、「草根總統」。

　　有一個小故事，說明了盧武鉉不同於一般小孩子的思考與行動。盧武鉉升入二年級不久的1960年2月，學校為了紀念3月26日李承晚總統的生日舉行了作文比賽。但是面對3月15日總統選舉，盧武鉉卻把這次作文比賽當成了非法選舉運動。盧武鉉煽動朋友們說，什麼也不要寫，並訂立了「白紙同盟」。他被揭發為主謀因此被叫到教導處，教導主任讓他寫檢討書，但他始終沒有寫檢討書，只寫了事情的前後經過。二哥健平說，「雖然是中學生，但是非常關心政治問題」。

　　盧武鉉從小生活在貧困中，唸中學時曾為此而休學一年。因此，盧武鉉決定挑戰命運走出貧困的陰影。「雖然並不是只有我們一家貧困，但小時候的我偏偏對貧困有深刻看法，並帶

著這個想法長大。而且，這個傷口似乎與不管怎樣我一定要脫離貧困，熱切盼望、創造一個沒有貧窮的世界的茫然夢想一同在我的潛意識中扎根。」

　　為了擺脫貧困，他開始挑戰司法考試。那一年是一九六六年，他剛二十歲。從未進過大學法學院的盧武鉉，為了能專心準備考試，他在家鄉山腳下用黃土搭建了一個小屋。期間，他為了賺書本費曾到建設工地幹苦力，後來他還去軍隊服役。一直到一九七五年歷經九年的時間，他以不屈的精神在三十歲那年終於通過司法官考試。1977年擔任大田地方法院法官，他做法官不久後感覺太無趣，就改行當開業律師。1978年盧武鉉在韓國釜山開了屬於自己的一間律師事務所。他接辦的案子多為有關稅務訴訟案，他以很高的勝訴率在當地獲得了名聲。一九八一年他擔任「釜林讀書會事件」的辯護。所謂的釜林事件是指，釜山地區一些學生和市民因以反政府為由，遭當局誣陷的事件。這也是他第一次為政治事件辯護。後來，盧武鉉和學運份子接觸之後，就把他的生計問題拋到了九霄雲外。從那時起，他結束了較為安適的律師生活，踏上了充滿荊棘的人權律師之路。盧武鉉曾回憶說：「『釜林事件』成為我的人生的一大轉捩點。」

　　做為人權律師的盧武鉉出名後，被當時也一直站在民主鬥爭第一線的統一民主黨金泳三賞識，並推薦他競選第十三屆國會議員。盧武鉉於1988年加入統一民主黨，1988年四月，盧武鉉竟然奇蹟般地擊敗了當時的實力派人物許三守，正式踏入政

治圈。第一次當選國會議員，盧武鉉在1988年的「第五共和聽證會」成為了政壇新星。當時，面對韓國現代集團會長鄭周永等實力派證人，盧武鉉邏輯條理鮮明的尖銳的提問，透過電視螢幕深入一般市民家中，成為了「聽證會明星」。

後來因為不齒金泳三變節投靠盧泰愚的執政黨，盧武鉉轉而投效金大中，1991年至1995年，先後擔任金大中平和民主黨的發言人、最高委員和副總裁。他於1997年擔任金大中領導的新政治國民會議副總裁。而在2000年十六屆國會議員選舉中，為了向「地域情結」發出挑戰，高舉克服地域保護主義的旗幟的盧武鉉南下釜山參與競選，結果敗給了大國家黨的許泰烈。但這一敗績卻成為了造就「盧武鉉總統」的寶貴的經驗。

由於盧武鉉這種「百折不饒精神」，感動了很多韓國民眾，他們自發的在韓國慶尚和全羅道形成了大規模的「愛戴盧武鉉之聚會（簡稱愛盧會）」，同時也掀起了2002年總統選舉中一支強勁的「盧風」催化劑。

2001年九月，盧武鉉宣布參加韓國總統競選，當時，在韓國總統選舉投票日前一天晚間十時，「國民統合21」鄭夢準代表撤銷對盧武鉉的支援，在這充滿危機的最後一刻，六百萬網路族群利用新興的網路媒體 OhmyNews 奔走相告，盧武鉉於是選擇正面突破，在一消一漲的拉鋸中，以百分之二的差距險勝，成功成為青瓦台的新主人，當選第十六屆韓國總統。盧武鉉的競選口號是「實現新舊交替，打破舊政治和特權政治」。他的座右銘是「嚴以律己，寬以待人」。

2017當選韓國總統的文在寅和他有一段眾所皆知的親密關係。由律師到青瓦台，文在寅一直是盧武鉉成功背後最重要的支撐力量，就算盧武鉉經歷彈劾和涉嫌受賄被查等危機時，他始終堅定地站在他的身邊。他們的友誼就連死亡也不能阻隔──由盧武鉉跳崖自盡那刻開始，文在寅終於踏入他曾經多次拒絕涉足的政壇，還一步步進入權力核心，如今成為青瓦台新主人，為的正是替早逝摯友盧武鉉完成未了大業。

文在寅在出版的自傳《命運》寫到：「我覺得成為律師的一切過程，就像是命中注定為了遇見盧武鉉。」盧武鉉也說：「正是文在寅的出現，為處於迷惘中的我打開了一扇認識現實社會的窗戶。」

在行政方面，盧武鉉的改革包括了機構調整、人事制度、財政制度、行政服務等廣泛的行政改革。他並不是以西方已開發國家新公共管理改革意義上的「小政府」為目標，而是提出建設「能幹的政府」和「適度規模的政府」。

經濟方面，盧武鉉摒棄「政商勾結、官治經濟」，提出建立公正、透明、健康的市場秩序。為推動城鄉和地區間的平衡發展，盧武鉉政府大力發展面向市場、具有公益性功能的農漁業，提高農漁業福利。而盧武鉉也強調科技振興經濟，主張「擴大技術投資，普及科學技術文化」。將構築「科學技術中心」作為主要國策，通過科技創新挖掘並增長潛力。

外交方面，在前韓國總統金大中「陽光政策」的基礎上，提出「和平繁榮」的對朝政策。2007年10月2日至4日，盧武

鉉與夫人權良淑徒步跨過韓朝軍事分界線在平壤與金正日召
開第二次韓朝首腦會晤，並簽署《北南關係發展與和平繁榮宣
言》。堅決反對美國對朝鮮進行制裁和封鎖，主張修改「駐韓
美軍地位協定」，要求美軍撤出首爾，收回戰時指揮權，打
造自主國防。他通過發展與美、日、中、俄四國的「均衡外
交」，尋求使韓國成為東北亞的「均衡者」。

　　2008年12月，泰光事業會長朴淵次因涉嫌逃稅和行賄被
捕。韓國警方查到盧武鉉在卸任前曾向朴淵次借款100萬美
元。國稅廳還保存著有關這100萬美元借款償還期和利息的借
條。2009年3月31日，檢方又查出朴淵次曾在2008年2月向盧武
鉉兄長盧建平的大女婿延哲浩匯款500萬美元，使「朴淵次腐
敗門」案升級。隨著檢方對他的政治後援者朴淵次總裁開始調
查，不祥陰影也隨之籠罩了峰下村。四月，他被檢察廳傳喚調
查，成了第三位被檢方調查的卸任總統。

　　由於檢察機關對盧武鉉涉嫌受賄的調查與他在任內提倡清
廉的形象產生巨大落差，使道德形象飽受質疑，對盧武鉉產生
巨大心理壓力，2009年5月23日凌晨，盧武鉉在離他家不遠的
烽火山「貓頭鷹岩」，從懸崖跳下，給家人留下了遺書自殺身
亡，以最慘烈的方式告別了世界，終年62歲。

　　2002年12月韓國大選當時，幾乎世界上所有國家的領導人
都對於盧武鉉這個新總統一無所知，因為他不像他的前任金大
中總統那樣，幾十年以來就一直是韓國政壇的風雲人物，此前
他既沒有擔任過很高級的職務，也沒有一般的韓國領導人在美

國或者英國接受高等教育的經歷。他甚至沒有跨出過國門的經驗。即便是韓國人，說起他們的新任總統盧武鉉的時候，也都會發自內心地感嘆，這位從民間底層脫穎而出的新總統豐富而曲折的人生經歷，一定能夠帶領韓國走向富強，一定能夠讓韓國在世人面前耳目一新。

　　盧武鉉剛卸任時，被認為是失敗的總統，然而他的突然離世，使整個韓國社會被追思的熱潮所籠罩，光是前往盧武鉉住家峰下村靈堂祭奠的悼唁者就接近二百萬人。輿論也開始重新評價他，在韓國社會掀起了「盧武鉉熱潮」。

　　據韓國民意調查結果來看，除了因前任總統悲劇人生的終結而受到衝擊並深感悲痛外，還包含著對李明博對他司法追殺的抗議、不滿和譴責之意，李明博總統和執政黨的支持率同時暴跌，令局勢更加堪憂。

　　而後，也有許多紀念他的作品。《正義辯護人》是一部2013年上映的韓國電影。以1980年代第五共和國初期發生的釜林事件為背景，說明一名稅務律師因為突如其來的案件，決意冒著得罪獨裁者的風險，投身人權運動。由宋康昊飾演的律師主角宋佑碩，原型為當時為被害人作人權辯護的韓國已故前總統盧武鉉。2017年5月25日，記錄片《我是盧武鉉》在上映當天吸引觀眾7.8萬人次，創下韓國紀錄片首映票房之最。

　　在六十三年的人生裡，可以用戲劇性來形容盧武鉉。在成功和失敗之間反反覆覆。2003年當選為韓國第十六屆總統時，人生到達了巔峰，做總統的評價兩極，有正面當然也有反面。

卸任後，回到自己的家鄉過著農民的生活僅僅十五個月後，就在朴淵次腐敗門案件中，用自殺結束這一切的紛紛擾擾，在韓國社會及歷史投下一顆震撼彈，作為他高潮迭起的人生句號。

興宣大院君

　　李昰應，字時伯，號石坡、海東居士。由於居於雲峴宮，因此也被稱為雲峴君。他在王室中為過繼關係，早年並沒有因王族身分而受益。他在安東金氏掌權的勢道政治下韜光養晦，訪清流、結豪俠、置心腹，暗中培植勢力，因緣際會認識了趙大妃的姪子，進一步與趙大妃結緣。1864年他12歲的次子李載晃成為哲宗的繼承人，也就是高宗。李昰應因此成為攝政並被給予名譽頭銜：大院君。在韓國歷史中，李昰應並不是唯一的大院君，卻是第一個在世就受封者，也因而廣為人知，大院君一詞亦可專指李昰應。

　　取得執政權的大院君面臨艱鉅考驗。19世紀後期國家正困擾於農民起義、貪污、以及嚴重財政困難。此外，與東亞的中國、日本處境相似，韓國面對的國際競爭越來越大，且天主教的傳入動搖儒家文化與價值觀，使得保守派感到擔憂。

　　大院君對內進行改革，強化王權並改革官僚制度，以剷除腐化的勢道政治，廢除備邊司，加強議政府權力，使政府行政權和軍事權分離。在人才的選用上，採納「四色平等說」，盡量提拔過去受到壓抑的南人與北人。社會方面，他改革土地

與稅制，並以「社倉制」取代壓迫平民的「還穀制」，使貴族和商人均有納稅的義務，而安定人民生活。此外，他還修纂大典會通、大典條例，加強政治規範。這些措施快刀斬亂麻的整頓腐化的朝政，使得平民階層拍手叫好，然而卻損及上層階級之既得利益，並因此為自己樹敵。大院君深知黨論之害廢除書院，甚至解散萬東廟，此舉引發儒生強烈抗議，但他強硬壓制，毆打羞辱抗議的儒生。造成朝野與儒生一致反對大院君之情況。而後，他重建被戰火摧毀的景福宮，認為這是王權之象徵。然而為此役使民力、改革幣制使得物價高漲，造成民怨四起，大院君的地位開始動搖。而且實際上這些作為並沒有把朝鮮建設成為現代化國家。

　　在外交方面，大院君堅持鎖國排外。他禁止洋貨交易，鎮壓天主教。1865-1866年間，帝俄、英國、德國紛紛要求通商均遭拒。而在1866年發生「丙寅邪獄」處死9名法籍神父、追捕數千名教徒。同年法國以此為由進攻江華島，朝鮮強力抵抗，最後法國撤兵，史稱「丙寅洋擾」。而美國在1871年以商務糾紛為藉口，進攻江華島，同樣被大院君擊退，史稱「辛未洋擾」，大院君為此感到得意洋洋，在各地設立「斥和碑」，碑文刻有「洋夷侵犯，非戰即和，主和賣國」，更堅定了他的排外政策。殊不知此時列強之侵略仍屬消極，帝俄著眼於沿海地區；英國尚有印度問題；法國忙於安南問題；美國則受南北戰爭影響，因此此時朝鮮成功擊退西方勢力並不完全是大院君加強國防的功勞。

到了1873年，高宗已22歲，大院君之攝政逐漸失去合理性。高宗的妻子閔妃於是聯合反對勢力策動「國王親政」，策動儒生上書彈劾大院君。原本大院君讓親信集體離職，想藉此架空朝政，但閔妃亦非省油的燈，迅速將黨羽安插在朝廷之中，且取得清國認可冊立世子，穩固地位。諷刺的是，王妃是大院君數年前親自為高宗挑選的，沒有預見她會成為他的主要政敵之一。而大院君仍試圖干涉朝政，等待時機東山再起。

1876年閔妃與日本簽訂江華條約，放棄鎖國路線，大院君對此深感不滿，國內對於不平等條約的怨氣也持續醞釀。1882年壬午軍亂時，清、日兩國以軍事行動加以干涉威脅，閔妃出逃失蹤，高宗迫於無奈請大院君重掌政權以平定國內，於是再次恢復舊制度。清國方面希望確保在朝鮮的平靜及自己的影響力，藉口軍亂為大院君暗中支持為由，派出朝鮮事務大臣吳長慶的幕僚馬建忠與大院君進行「商議軍務」，大院君被吳長慶部將袁世凱拘捕。袁世凱詰問：「亂軍之逼斃王妃，戕殺國相，均為萬古所無，貴國早以禮義之邦自稱，焉可不復此仇？」大院君嚴詞反駁：「此事非他人所可云謂，實為神人所共怒，天下之羞恥也。論國相，我之胞兄，焉有不為胞兄復仇之理，論王妃，公為國母，私為媳婦，母之仇，焉可不報，媳婦之喪，焉有不言之理，只因事出倉卒，尚未查得，復仇之日，定當奉告。」此段文字出自大院君日記，可能有自我辯護色彩。但對王妃問題及軍亂原因常以痛恨語調抗辯，軍亂之原因，可見實非他個人所應負全部責任。清國眼見審問不如理想

答案，便將大院君押送至保定府幽囚一年多，並有嚴格之行動限制、不可接見本國人、外國人，預定永久安置不許東返。

1885年，清國決定釋放李昰應回國以制約此時一面倒親俄的閔妃。就清廷看來，雖然大院君與王妃仍勢不兩立，但他現在或未來會消除對清國的惡感，且沒有與日本衝突的危險，但顯然他的存在會給「隱俄拒清」的妃黨壓力，並有制衡的效果。袁世凱表示：「大院君素有才幹，惟不喜外交，今心志已變，如不再生事，可使回國，協助國政，時為良策。」清朝的態度有了一百八十度大轉變，其徒勞無功的干涉實被日本操控。國內閔妃集團以閔泳翊為首的送還大院君反對運動，至天津遊說，但清朝已經決定並不打算改變。

大院君在清國決定放還後，一夕之間從囚犯變成貴賓。當初甫至清國時，李鴻章邀請他拜見光緒皇帝，他婉拒：「此生為中國之罪人，得橫渡倉波，觀覽大國，已足眩煌耳目，是以不再面會貴人。」而如今再次應對李鴻章則答以：「我奉旨留此，不可以中堂派員輕率起往。」從先前的屈辱到後來的反唇相譏，不僅凸顯前後處境變化之大，從文詞中也可以看到大院君的風骨。仁川港意外冷清，好在日、英、俄三國軍艦釋出善意，大院君回國的第一晚在清國公館度過。閔妃集團安排相關人士之迫害，如在此敏感時機點將壬午軍亂涉案人士處決，給大院君難堪。大院君生活依然形同幽禁，獲准住在雲峴宮。1892年雲峴宮炸彈爆炸，大院君因恰外出散步，躲過一劫，此事多被認為是閔妃集團所為。

　　1894年東學黨事件，日本亦出兵朝鮮半島，然而要求改革內政被拒。乙未事變中，表面上為朝鮮訓練隊暴動，實際上為日本人暗中策劃。大院君在事件中的角色有些曖昧，有人認為他並不知情，也有人認為他全程參與，另外也有人認為他合謀推翻閔妃但並不知道要弒殺閔妃。當天清晨城內貼著大院君親筆署名的「告由文」：「近日群小壅蔽聰明，斥賢用奸，維新之大業將中途而廢，五百年之宗社一旦而危。餘生於宗親之家，而不忍坐視，故今欲入闕，輔翼大君主，逐斥群邪，成就維新之大業，扶持五百年之宗社，以安爾等百姓；爾等百姓安其堵、守其業，勿為輕動。若爾等百姓兵士有阻我行者，則必有大罪，爾等悔而無及矣！開國五百四年八月二十日，國太公示。」

　　高宗被迫簽署《王后廢位詔敕》，大院君提議將閔妃廢為庶人，並代表日本人與高宗談判。學界對大院君的舉動出於自願抑或是被日本逼迫仍有爭議，較傾向於大院君實為被日本人所利用。但可以確定的是，由閔妃被弒後大院君的反應可推知他們之間的關係始終水火不容，而不像電視劇中言歸於好。事變10天後，大院君迫於壓力搬出宮廷回到雲峴宮。

　　1896年俄館播遷後，大院君離開隱居郊外，朝鮮政府恢復「大院君尊奉儀節」，再次將他軟禁。高宗將閔妃之死怪罪於大院君，對其府中相應人士嚴加審訊。大院君大怒，入宮見其子，對高宗發狠話表達不滿與哀痛，揚言有生之年不再與高宗見面。高宗聞之淚下，請其父息怒，但大院君不予理會，而

後對大院君的監控稍有放寬。此後大院君徹底退出政治舞台。1897年大韓帝國成立，上尊號獻懿大院王。1898年2月22日過世，1907年純宗上尊諡「興宣獻懿大院王」。

　　大院君在他的餘生始終保持一些政治影響力，他的存在某種程度而言代表國內一種保守勢力的恐懼。大院君和閔妃代表政治上兩個敵對的政治集團，而非對立的善惡。因此用好人、壞人來為兩人貼標籤是沒有意義的。贏家擁有歷史的解釋權，作為政治手段，只有「結果論」的成功與失敗。大院君的作為對朝鮮正負面的影響皆有，他應得其在歷史上的地位。然而固執鎖國政策，使國際關係惡化，亦使外來文化無法進入，晚年又援引外勢與王后閔妃爭權，是他最大失策。不宜以事後諸葛之姿對於當代人物過度苛責，大院君原意藉新政維護國家利益，但是建立在封建社會基礎上的改革無法拯救已經走向衰亡的朝鮮王國。他對國家的情感與愛國心可歌可泣，風骨令人敬佩，可惜實踐方法不當。他在預感前往清國談判可能是陰謀時，在港邊感嘆：「有意山川依故國，無邊江海是吾家。」可見其悲壯之心情。在19世紀朝鮮晚期政治，大院君無疑是轉變的關鍵角色。

高宗

　　高宗於1863-1907在位，為李氏朝鮮第二十代國王，世稱李熙，本名李載晃，生於1852年卒於1919年。由於第二十五代國王哲宗病逝，無嗣，其父又為英祖的玄孫，是與皇室最接近的血脈，因次，高宗便被認定為是翼宗（憲宗之父後所追尊）子嗣，而繼承國王之位，並在德壽宮登基。

　　在高宗的繼位之路，其父李昰應（興宣大院君）與大妃趙氏（翼宗之妃）是極為重要的幕後推手，《高宗實錄》記載：「以興宣君嫡己第二子命福，入承翼宗大王大統，為定矣。」高宗十二歲即位後，大院君開始干政，開啟長達十年的獨裁政治。起初，趙大妃仍遵循舊制，垂簾聽政，但三年後趙大妃便將政權全權交由大院君所掌控，雖然1863年是高宗即位，但由於高宗當時仍年幼，因此，他的即位可說是大院君勢力的登場。

　　大院君干政的十年中，累積不少民怨與大臣的不滿，其中閔妃勢力更是導致他被迫下野的主要原因。閔妃技巧地將安東金氏、趙大妃和儒生勢力結合，促使自己成為朝廷中最有勢力的掌權者，而後策動儒林崔益鉉上書彈劾大院君，各方群起響

應，高宗接受上書，於是，1873年高宗宣布親政，結束大院君長達十年的獨裁干政。

但是，在高宗1873年（高宗十年）親政後，實際政權則是落在閔妃手上，在閔妃執政的期間，同時也是她與大院君的角力時代。相較於大院君的鎖國政策，閔妃相對採取開放的政治態度。

1875年（高宗十二年），日本以測量為由，出動軍艦雲揚號，駛至江華島附近，展開威脅性示威，但卻遭守備軍砲兵攻擊而退守，史稱「雲揚號事件」。次年，日本以黑田清隆為全權大臣、井上馨為副使來韓調查雲揚號槍擊事件，並要求簽訂友好條約。

隱退的大院君特別上書要求不可與日本修好，民間也有崔益鉉等大臣反對，但經過高宗和朝廷大臣內部商討後，決定採用領相李最應、判中樞府事朴桂壽之意見：由於事態緊急，必須談和，而與日本簽訂條約，史稱「丙子條約」，又稱「江華島條約」，總共十二條文。

條約中明訂「朝鮮為自主之邦」、「雙方交換使節」、「開放釜山、元山、仁川三港」，促使朝鮮走入國際社會，並引進西方現代文明科技，與邁向現代化，但由於高宗並無國際法的概念，因此，同時也讓朝鮮失去「治外法權」，居住在朝鮮的日本人犯罪時，須由日本人依日本法律裁定，朝鮮人無權定罪，而這也被朝鮮認為是不平等條約。

同年，擔任日本與朝鮮通信使的金弘集，帶回了黃遵憲的

著作《朝鮮策略》，並上呈給高宗，與內部大臣討論後，高宗認為因局勢所迫，朝鮮必須進行內部改革，於是決定採用書中的方法改革朝鮮，例如：學習西方科技與制度，但卻遭到保守的儒家學者反對，他們認為國家的富國強兵與現代化不須倚靠學習西方國家，於是便上書高宗表明反對意志，其中最有名的便是由嶺南學者所提出，亦稱「嶺南萬人上書」。

現代化的改革在軍事方面，以縮減軍隊為先發砲，將過去的五軍營縮編成「武衛營」和「壯禦營」，也聘請日本軍官堀本禮於朝鮮，以新式訓練法訓練軍隊，稱為「別技軍」，但由於朝廷久日積欠薪餉、配給不良品與舊軍兵不滿閔妃對於軍隊的革新，於是，1882年（高宗十九年）便爆發「壬午軍亂」。

當時朝鮮的政局主要可分成兩派，其一，倚賴大清且希望漸進革新的「事大黨」又稱「守舊黨」，以金弘集、閔泳翊為代表人物；其二，傾向學習日本明治維新改革的「開化黨」又稱「獨立黨」，以徐載弼、金玉均為代表人物。

開化黨希望能加速朝鮮改革，於是，在1884年十月密謀發動政變，有意驅除事大黨的成員。金玉均等開化黨員進入德壽宮中，謊稱清軍動亂，需要請求日軍幫助，同時，將高宗送入景祐宮並殺害守舊派人士，且發布十四條革新政綱，史稱「甲申政變」。然而，由於袁世凱出兵干涉，政變於三日內遂結束，開化黨成員潛逃日本。

此時駐朝京俄國公使韋貝（Weber）與高宗交善，朝廷內遂形成一股親俄勢力，企圖倚靠俄國勢力以牽制清國，在甲申

政變結束後，俄國曾向高宗伸出援手，並提議朝鮮接受俄國保護，雖然高宗並未接受，但他與閔妃也開始傾向親俄，甚至決定「聯俄抗清」，而後計畫被袁世凱發現，他非常不滿，甚至想要廢掉高宗，高宗則辯解為「引俄策」為小人之計謀，其文件亦為偽造。

當時在朝鮮亦有股勢力正在集結而起，也就是長期受兩班欺壓與對勢道政治反感的農民，他們反抗主要依賴「東學教」，於是，在高宗三十一年（1894年）便發生「東學農民運動」，其導火線主要有兩原因，第一，對於日人的不滿，第二，朝廷漠視古埠郡郡守趙秉甲的貪瀆暴虐，因此，在東學教的帶領下，農民開始一連串的反抗行動，迅速佔領全州，中國和日本都出兵援助平亂，最後東學革命是以失敗收場，失敗原因主要有兩個：一、內部組織的鬆動，第二、不敵日本軍火實力。

在東學農民運動結束後，緊接著是「清日戰爭」，日本想藉由對大清開戰而佔有朝鮮的絕對權力，扶植大院君政權，並挾持他進入雲峴宮逼迫高宗讓位，於是高宗宣布「凡今庶務，遇有緊重事件，先為就明於大院君前。」將權力交給由日人所掌控的大院君政權。而清朝最終也因不敵日本的軍火實力而告戰敗，簽訂〈馬關條約〉，條約開宗明義便是「承認朝鮮為完全獨立的國家」。

在清朝戰敗後，高宗轉向投靠俄國，此舉激怒日本，促使日本公使三浦梧樓出兵入侵景福宮，殺害閔妃，史稱「乙未事

件」。日人進入朝廷後開始一系列的改革，其中「斷髮令」的實施，甚至要求國王躬行示範。

由於親俄派李範普等與俄國公使韋貝勾結，將俄國水兵一百人由仁川引入漢城，於是1896年高宗與世子被迫移駕俄國公使館，史稱「俄館播遷」。一年後，1897年高宗便移駕回慶雲宮（今德壽宮），同年八月，高宗創立「大韓民國」，改國號為光武，十月舉行皇帝即位式。

光武二年（1898年），由徐載弼等人所創立的「獨立協會」向皇帝提出六項改革方針，並要求立即實行，但卻未得到皇帝的正面回應，於是他們便展開一系列的抗爭，而「皇國協會」也針對獨立協會展開恐怖行動，此舉釀成許多人傷，於是皇帝決定改組內閣。

1904年（光武八年二月）由於日俄雙方談判破裂，日俄開戰，史稱「日俄戰爭」，開戰後十日，高宗被迫簽定「韓日議定書」（即第一次〈韓日協約〉），書中明訂韓俄以前所簽訂的條約全部無效，以及日本保障韓國主權領土完整。最後，日本獲得戰爭勝利，剷除在朝鮮半島上的最大敵人，於是開始用盡一切手段把韓國變成殖民地。

日本派伊藤博文到韓國簽訂保護條約，日方動用軍隊包圍皇宮，逼迫高宗與大臣承認此條約，1905年高宗簽署第二次〈韓日協約〉，史稱〈乙巳保護條約〉，於此，韓國的外交權被完全剝奪，由日本派「統監」管制，此條約的簽訂讓韓國人民群起憤慨，不少人因此自殺。

　　第二次萬國和平會議於荷蘭海牙召開，但由於朝鮮已無外交權不得參與會議，於是高宗派遣密使到會議現場要求入會，以合約非出自皇帝本意、且無皇帝親筆簽署為由要求入會，但仍不被接受。此一密使案被日本獲悉之後，統監伊藤博文便大加斥責朝鮮政府，雖然高宗否認，但由於伊藤博文提出證據，且態度強硬，大臣們紛紛開始懼怕，連日商討對策，決定以國王由皇太子「代理」為政策，高宗大怒否決，但由於日方逼迫，最後仍答應。雖然表明為讓位，由於日方不希望高宗再度攝政，因此便將「代理」視為「讓位」，且故意發祝賀電郵，使之成為事實。

　　由代理變成讓位後，憤怒的民眾摧毀機關報「國民新聞社」，並於各處與日人發生衝突，宮內府大臣朴泳孝亦反對讓位，而與「侍從院卿」李道宰、「弘文館主」南廷哲等，密謀展開反對禪讓運動，不幸事發，均被拘禁於「警視聽」，朴泳孝最後則被流放濟州島。1907年（光武十一年）八月二日，將「光武」改年號成「隆熙」，並於27日，舉行新皇帝純宗即位式典。

明成皇后

　　閔妃為朝鮮近代史上的女政治家，本名閔茲映，朝鮮王朝第二十六代國王高宗李熙的王妃，純宗李拓之母，通稱「閔妃」，驪興閔氏外戚集團的核心人物，也是19世紀末朝鮮的實際統治者。高宗32年（1895年）10月8日的「乙未事變」，日軍弒殺閔妃並脅迫高宗廢其為庶人。1897年高宗改國號為「大韓帝國」，自稱皇帝（原為大清帝國藩屬國國王），立刻將閔妃復位並追諡為「明成皇后」，為「孝慈元聖正化合天洪功誠德齊徽烈穆明成太皇后」。

　　閔茲映生於朝鮮哲宗2年（1851年）陰曆9月25日的京畿道驪州郡。本籍驪興閔氏，雖為望族，但父親在她八歲時逝世，因此家道中落。1863年，因哲宗無子而逝，高宗十二歲即位，由其生父李昰應攝政，號「興宣大院君」。高宗三年（1866年），興宣大院君將自己的妻族親戚，又沒有複雜政治背景的閔茲映選入宮冊封為王妃，作為鞏固自己地位的棋子。

　　閔妃自幼知書達禮、儀態大方，卻與高宗合不來。當時高宗終日花天酒地並寵幸另一位嬪妃尚宮李氏，後來李氏產下一子，即完和君李墡。不過閔妃在被冷落期間苦讀史籍詩書，

並暗中發展自己的勢力，不僅凝聚自己家族驪興閔氏，還聯合在政治上被大院君削弱勢力的安東金氏和豐壤趙氏，甚至籠絡了大院君的哥哥興寅君和長子李在冕，形成一股強大的政治勢力，對抗大院君的獨裁統治。

閔妃和大院君勢力積怨已久的矛盾，在閔妃因飽讀詩書漸漸得寵後，開始白熱化，而正式引爆的導火線是閔妃多次流產，興宣大院君藉機指責閔妃不能給高宗生育健康的繼承人，興宣大院君主張立李墡為世子，這讓閔妃十分不滿並準備推翻興宣大院君。

高宗十年（1873年）興宣大院君在儒生李世愚的提議下，獲得「大老」的稱號，聲勢如日中天；而閔妃也在此時懷了孕，並繼續與族人閔升鎬、閔謙鎬等人籌備推翻興宣大院君的計畫。10月儒林中享有高聲譽的崔益鉉上疏彈劾大院君，大院君本以為高宗會駁回上疏並嚴懲崔益鉉，沒想到高宗在閔妃的慫恿下，反而讓其升官，甚至暗自召見崔益鉉，要求他再次上疏彈劾。

第二次上疏崔益鉉直接提及大院君，抨擊其種種政策並要求大院君不在其位，勿干預國政。雖大院君派系請旨處死崔益鉉，但高宗在閔妃和反大院君勢力的壓力和撐腰下，宣布「親政」，結束興宣大院君十年的掌權。大院君勢力隨後集體辭職，欲架空朝廷，閔妃藉機將其外戚集團安排至要職，擴張勢力，因此實際權力掌握在閔妃手上。

逼退大院君不久，閔妃產下一子，也是朝鮮的末代皇帝純

宗李坧。閔妃想要立李坧為世子來確立自己的地位。不過原本幫助閔妃推翻大院君的豐壤趙氏集團因不滿閔妃獨自掌權而堅決反對，要求立高宗的庶長子李墡為世子，導致驪興閔氏和豐壤趙氏兩派系鬥爭白熱化。

高宗十一年（1874年）閔妃之兄閔升鎬和閔妃的母親在家中被炸死。這件事震驚朝鮮政壇，多認為是由大院君勢力所為。閔妃沒有立刻追查這件事，反而請大院君進京，使得大院君為了洗刷自己嫌疑，便要求其勢力轉為支持將李坧立為世子，優勢立即倒向閔妃。而閔妃也順利將親生兒子立為世子，鞏固自己的統治地位。

閔妃主政後，改變興宣大院君堅持的鎖國政策，實行開放政策並引入日本勢力。高宗十二年（1875年）在閔妃和其他勢力對外交政策爭論不已時，日本派出軍艦雲揚號、第二丁卯號以測量海圖的名義前往朝鮮西海岸，與朝鮮軍隊在江華島交火，史稱「江華島事件」（雲揚號事件）。之後日本要求朝鮮迅速開國並在次年與朝鮮簽訂《大日本國大朝鮮國修好條約》，史稱江華條約。此不平等條約打開「隱士之國」朝鮮的大門，而後也與美、英、法、德、俄等西方國家簽訂類似條約，雖為喪權辱國之舉，卻也成為朝鮮踏上國際舞台的第一步，引入西方新文明，促進朝鮮的現代化。

朝鮮開港後，閔妃主導進行一連串的改革。但改革措施傾向開放和親日，也讓日本從各方面滲透和侵略朝鮮。此外，閔妃集團骨幹貪污腐化，地方官吏橫徵暴斂，日本商人利用《江

華島條約》大肆在朝鮮廉價收購糧食，導致朝鮮社會危機，引發了雲峴宮和廣大人民的不滿。而其中高宗十八年（1881年）的軍事改革更加深了大眾的憤怒，閔妃將過去五軍營改成「武衛營」和「壯禦營」並邀請日本教官以新式的軍事訓練組織「別技軍」。不過舊軍士兵與別技軍間有極大差別待遇，加上拖欠十三個月的軍餉，導致舊軍官兵極為不滿。

高宗十九年（1882年）舊軍隊利用地方官軍糧舞弊事件來發動「壬午軍亂」。他們去找大院君當後台，他表面安撫，卻暗中煽動他們暴動。官兵破壞軍火庫搶奪武器，殲滅別技軍並殺死日本教官，不僅如此，他們更攻擊日本大使館，並且進攻王宮將興寅君李最應和閔謙鎬殺害，閔妃幸運地逃離王宮、逃過一劫。其間有許多漢城市民加入暴動行列，迅速由「軍變」變成一場大規模「民變」，也可以看作對閔妃集團9年執政不滿的總爆發。

高宗為收拾亂局，將暴動士兵和市民擁護的大院君找來，下令他處理所有政事，大院君第二次上台，也意味著舊體制的恢復。但日本與清朝都想要藉機干涉朝鮮內政，宗主國清朝想掌握對朝鮮的支配權，派北洋艦隊到漢城藉機逮捕大院君押回天津，將政權還給閔妃集團，大院君第二次上台僅33天隨即結束。

當時朝鮮政界對於開化政策有兩派不同的立場，掌權的閔妃集團贊成漸進開化並依賴清朝，被稱為「事大黨」；相對地，有些青年則主張激進的開化，應仿效日本明治維新，他們

被稱為「開化黨」。兩派間的對立漸漸形成，高宗二十一年（1884年）開化黨和日本公使合作發動政變，利用郵政局晚宴，意圖驅趕事大黨勢力，不過計劃失敗，開化黨轉而進入宮內謊稱清軍動亂並請求日軍保護；同時將多位守舊派大臣殺害，發布十四條革新政綱，此為「甲申政變」。不過，三天後清朝袁世凱出兵干涉，革新政府宣告瓦解，開化黨人士潛逃日本，政權重回事大黨手中。

在朝廷動盪頻繁、地方官員貪腐斂財、外國商人勢力入侵等問題下，底層農民負擔加重，使得新興宗教東學趁勢崛起。東學提倡人人平等、輔國安民等主張受到長期受壓迫的農民支持，逐漸成為龐大的社會勢力。高宗三十一年（1894年）在全羅道因郡守貪瀆暴虐發生的民變是東學農民運動的開端，東學軍攻無不克，迅速占領全州，朝鮮政府眼看無法平亂，請求宗主國清朝派兵援助；日本也以保護在朝日本人為名派兵。

但此時東學軍撤退，清、日兩軍已無理由繼續駐兵朝鮮，因此清朝提議共同撤兵。但日本拒絕提議，改提議與清朝共同改革朝鮮內政，清朝不能接受，兩方對峙。開戰前，日方先行推翻閔妃集團，復辟大院君，上台後大院君馬上清算閔妃集團；同時日本攻擊清朝軍艦，雙方開戰，是為「清日戰爭」也就是「甲午戰爭」。最後由日軍全面勝利收場，並簽訂《馬關條約》讓朝鮮成為獨立國家，切斷和清朝的宗主關係，清朝並割讓台灣給日本。

大院君第三次執政只是作為日方的傀儡，但實權則是親日

開化派組成的軍國機務處掌握並進行甲午改革。而遭奪權失勢的閔妃看到日本在俄國干涉下，歸還遼東半島後，轉與俄合作對抗日本，並在朝廷形成一股「排日親俄」的勢力。為排擠親俄派，日本公使三浦梧樓偷偷規畫了一場政變，高宗三十二年（1895年）動員日本浪人將閔妃殺害，此乃「乙未事變」，也結束閔妃爭議十足的一生。

明成皇后終身與公公興宣大院君爭權奪勢，起初主張開放政策打開朝鮮與國際接觸的大門，並引入日本勢力，促進朝鮮現代化，而後堅持朝鮮獨立，在日本準備併吞朝鮮之際，運用日、俄矛盾，延緩日本的計畫，得到後世韓國人民的尊敬。但在內政方面乏善可陳，只專注於拉攏親信，鞏固地位，官員貪腐，甚至賣官鬻爵，也被批評大院君累積十年的國庫財富，都被她揮霍殆盡；在外交則引入日本勢力並簽訂許多不平等條約，也間接導致了朝鮮的亡國。

明成皇后曾說，「家裡來了一隻狐狸（日本），只好讓野狗（中國）趕走狐狸，野狗要侵入的時候再讓老虎（俄國）趕走野狗，老虎離開了以後狐狸會再度躍躍欲試，這時又必須請回野狗……。」這段話也充分反映了朝鮮周旋在列強之間，註定了歷史悲劇的循環與宿命。

李成桂

　　李成桂是高麗末期恭愍王時代迅速竄升的武人。他並不是出身高麗中央的貴族家門，而是在元帝國控制的雙城摠管府茁壯的邊境地方勢力。雙城摠管府是元帝國在1258年（高麗高宗45年），入侵高麗擁有的鐵嶺以北的土地之後，設置的統治機構。在恭愍王收復這片土地之前，被元帝國統治了近一百年。因此有人認為李成桂有蒙古人的血統，日本現代的學者則認為李成桂是女真族。

　　李成桂的先祖原本在全州擔任鄉吏，後來攜家帶眷移居雙城摠管府。他的高祖父到父親李子春被元帝國授予擁有千戶的地方官吏，而成為當地統轄高麗人與女真族的實力派家族。

　　遠在邊陲的地方勢力，也不是高麗國官吏的李成桂，卻能夠在高麗朝廷嶄露頭角，要歸功於恭愍王的「反元」政策。恭愍王利用中國元明改朝換代的混亂情勢，在1356年想要收復失土雙城摠管府，以恢復高麗的自主性。當時李成桂二十二歲，他和父親與高麗東北面兵馬使裡應外合攻下雙城摠管府。李成桂不僅隨著家族的戰功而成長，自身也具備優異的武藝，尤其擅長射箭術，他的領袖資質也讓手下的高麗人與女真族刮目

相看。

1361年之後到1370年，李成桂幾乎連年作戰皆捷。先後擊敗朴儀叛亂、紅巾賊入侵，以及元帝國軍閥奴爾哈赤，擊敗叛逆的崔儒，討伐女真並收復開京，追打北元的東寧府等，立下彪炳的戰功而得幸於恭愍王，任官至密直副使，進階奉翊大夫，賜端誠亮節翊戴功臣之號。

他的戰績還不只在於東北邊境，當時三南地方屢屢遭到倭寇的入侵，李成桂也立下赫赫戰功，把倭寇不只擊退在海域，更將入侵到內陸的倭寇在荒山完全殲滅，這場「荒山大捷」讓李成桂的聲名響徹雲霄。此後二十多年間，他為高麗王朝征戰南北，幾乎百戰百勝，他因此被稱為「不敗的男人」、「拯救亂世的英雄」，李成桂已成為高麗王朝不可或缺的人物。於是，慕名來追隨他的人越來越多，還受到新進士大夫的簇擁。

儘管李成桂戰功彪炳，但是他畢竟是出身邊境地方的武人，他在中央政府的地位還是受到侷限，因為還有許多出身名門世族，也有戰功的武將像是崔瑩，就是李成桂難以超越的對手。直到恭愍王死後，禑王繼位。明朝在高麗失土設置鐵嶺衛，引起禑王與崔瑩的不滿，於是決定利用明朝國力仍未穩固之際進攻遼東。但是李成桂反對崔瑩的看法，他認為崔瑩誤判了國際情勢，並提出四大理由加以反駁。

其一，在夏季的農忙期動員軍隊並不適當；其二，天氣燥熱多雨，弓箭濕滑不易當武器操作；其三，進攻遼東之際，南方的倭寇可能入侵；其四，小國向大國討還土地並不恰當。儘

管李成桂的理由言之成理，但是崔瑩跟禑王並不予理會。

1388年，禑王與崔瑩堅持攻遼，李成桂只能受命擔任右軍都統使，與左軍都統使曹敏修一起率軍出戰。但是要度過鴨綠江進入中國之前，駐屯在威化島時遇到豪雨江水暴漲，無法繼續挺進而陷入困境。究竟強行渡江而使官兵遭溺斃，還是部隊調頭班師回朝，讓李成桂陷入兩難的選擇。後來他說服了曹敏修，選擇了從威化島回軍。

李成桂的「威化島回軍」，等於是陣前抗命倒戈的叛將。在命運的歧路上，他做了發動政變的決定，於是將大軍攻進開京，崔瑩留在首都的部隊根本寡不敵眾，李成桂政變成功，立即將禑王罷黜並且流放崔瑩，他在高麗中央儼然已是最高領導人了。李成桂政變成功，也得力於從恭愍王時期開始進入政壇、信奉朱子「性理學」的新進士大夫。

這些新進士大夫看到高麗末期的社會綱紀敗壞，但是高麗王朝並無意改變而讓它惡化。於是這些士大夫分成漸進改革的「穩健派」，以及推翻王朝重新建國的「激進派」。穩健派有鄭夢周、李穡等人，激進派則以鄭道傳為代表。起初兩派新進士大夫都主張罷黜繼承禑王的昌王，另立恭讓王登基，但激進派認為應該建立新王朝，導致兩派因而反目。結果李成桂聽從鄭道傳，而將效忠高麗的鄭夢周除掉，李成桂已準備要「易姓革命」了。李成桂接受趙浚的建議，進行全面的改革，剝奪舊勢力的經濟力，然後分配給新進士大夫，以鞏固他們的經濟實力，成為建立新國家的新支配階級。

　　1392年，在鄭道傳等親信的擁戴下，李成桂在松都（即開京，現在的開城）壽昌宮即位，時年五十八歲。隔年，國名由明太祖選定為「朝鮮」。李成桂即位後是為朝鮮太祖，為免除後患，遣人絞死恭讓王及他的二子，並將流放在江華島與巨濟島兩地的高麗宗室全部誅滅。高麗宗室為避殺身之禍，紛紛將原本的「王」姓，改姓為玉、田、全等，以致於今日韓國極少姓王的。

　　李成桂建國後，朝鮮王朝的三大政策為：「崇儒抑佛」、「農本主義」、「事大主義」。這也是新進士大夫所提供的建議，做為李氏朝鮮的理念基礎。他們因為信奉儒家性理學，強烈批判佛教讓高麗諸王與貴族因崇拜佛教而影響國事，帶來的弊害，所以排斥佛教而獨尊儒學（韓國至今仍把儒學、儒家思想稱之為「儒教」），佛教的寺廟在李朝時代都被趕出首都，寺院土地多被沒收，而遷到鄉下或深山裡。

　　從宋朝開始發展的性理學，讓這些士大夫引用為朝鮮治國的理念，也反映在國家的經濟發展，因為農業是國家的中心產業，所以標榜「農本主義」，顯示對農業的重視，實行開墾農地與改良農具、穀種等勸農政策。而且，朝鮮做為小國，對大國應謹守本分伺候，並與周邊國家友好相處，於是根據性理學而制定了「事大主義」的對外政策，朝鮮必須在安定中才能務實地追求國家利益。李成桂設定的這三項建國理念，成為後來五百年間朝鮮國家定位的根幹。

　　1392年李成桂頒詔將首都從開京遷往漢陽（即現在的首

爾），開始建宗廟社稷、宮室城池，1394年開始興建景福宮，1395年正式遷都漢陽。同時由鄭道傳等人制訂了《朝鮮經國典》並編撰各種法典，依照這部建國哲學實行改革，規劃新王朝的藍圖。崇儒抑佛政策確立後，在漢陽蓋了成均館（太學），地方廣設鄉校，做為推廣儒學的教育機構。

但是李成桂掌權不過六年，就發生王子們為爭奪權位而「骨肉相殘」的悲劇，因為他冊立第八子李芳碩為世子，引起其他兄弟不服，五子李芳遠率先發難，1398年發生第一次「王子之亂」，李成桂讓位給次子李芳果（定宗），他被尊為太上王。定宗二年（1400年）正月，發生第二次「王子之亂」之後，定宗以沒有嫡子為由，下教冊立李芳遠為世子，同年十一月，定宗傳位李芳遠，是為太宗。

在此之前的當年四月，定宗與世子李芳遠採納群臣的建議，廢除從高麗王朝傳承下來的私兵制，禁止王室、戚族擁有私兵；五月，又命令朝鮮宗室、駙馬不得再參與朝政。這樣，朝鮮王朝初期由於王子、駙馬掌握兵權、參與朝政引發的動亂，在制度上畫下了句號，朝鮮政局才能夠開始穩定下來。

後來因為李成桂對太宗李芳遠極其憎惡，幾度逃離京城，到逍遙山與咸興等地避身，太宗派遣「問安使」追尋，但使者反而被李成桂的護衛射殺或逮捕而失蹤（後人便將「咸興差使」比喻為一去不返的人）。父子雙方的人馬與部隊甚至幾度交戰，至此，李氏朝鮮家族的內鬥，已經從兄弟鬩牆演變為父子交戰了。1402年李成桂在國師無學大師勸說之下決定回京，

太宗芳遠前來迎接朝拜，不料李成桂竟對李芳遠放箭，但未射中。從此，李成桂被幽禁於開城的德壽宮中，後遷往漢城的昌德宮。

李成桂晚年信奉佛道，新蓋德安殿作為精舍，靠「念佛三昧」安寧過日子。1408年五月廿四日，李成桂於昌德宮廣延樓下別殿崩殂。他一共在王位七年，在太上王位十年，享年七十四歲。明朝賜諡康獻。葬在現京畿道九里市儉岩山下的健元陵。

這位李朝的開國之君，前半生以驍勇善戰而名聞天下，但因抗命而在威化島回軍，對高麗王朝發動政變奪權，籌謀四年之後才正式建國登基。但是因為選錯世子造成兄弟互殘，最後落得父子交戰。會打天下的武將，卻是個「治家無能，教子無方」的父親，史家這樣評價李成桂應該也算中肯吧！

世宗

　　陰曆1397年4月10日，太宗與元敬王后閔氏的第三個兒子李祹，字元正，也就是後來眾人所稱頌的世宗大王誕生（1397~1450），他出生於漢城府（今首爾）的景福宮。1392年，太祖建立了這個歷時五百多年的新王朝；1395年，太祖將首都從開城遷往漢城。李氏朝鮮建國初期，王室繼承更迭不斷。1398年，世宗的父親靖安君李芳遠趁太祖久病不癒，以「立嫡以長」為藉口，發動第一次王子之亂，史稱「戊寅靖社」，使得太祖李成桂被迫讓位給二子李芳果，於是1399年世宗的叔叔定宗成為了皇帝。然而李芳遠仍不滿現狀，於隔年1400年再次發動政變，為第二次王子之亂，史稱「庚辰靖社」，而後定宗退位給世宗的父親太宗。因此在世宗出生後的第三年，他便成為了朝鮮國王的兒子。

　　世宗的哥哥是下一個王位的繼承人，然而年輕的世宗顯然並不關心自己是否能成為國王。從小時候開始，世宗就對學習十分感興趣，大多時間都在讀書。十二歲時便被封為忠寧君，並與大他兩歲的沈氏（即後來的昭憲王后）結婚，後來晉封為忠寧大君。才華洋溢的世宗很受太宗喜愛，因此當世宗二十二

歲時，太宗便決定將他立為世子，直接越過兩位毫無王者風範的哥哥們作為下一任的王位繼承人。在他的父親太宗決定把王位交給世宗後，朝廷重臣包括世宗在內都對此表示抗議，因為他還沒有準備好承擔這樣的責任。然而在太宗的堅持下，1418年世宗登基成為李氏朝鮮的第四代國王，不過太宗在宮內仍保留一定的權力，並掌握著軍事大權直至1422年逝世。朝鮮王朝初期政治制度不完善的現象，在世宗在位期間得到了改善。

　　世宗在位期間，朝鮮社會文化得到長足發展，國家繁榮強大，被認為是朝鮮王朝最出色的國王，因此被尊稱為「世宗大王」，同時也被稱為「海東堯舜」。政治上，世宗加強了中央集權，將儒學價值觀念作為治國之策的根本。世宗有一個哲理，即善政的依據取決於一個國王是否能識別和訓練有才能的人，並利用他們來管理政府的各個部門。

　　有鑑於此，世宗在景福宮建立了集賢殿，親自選拔了二十名有能力的人才，讓他們精進學習，進行各種學術研究，並且允許他們可以全心全意投入進修。此外，他還通過建立一個制度，尋求隱蔽鄉下的人才，賦予地方官員權力將他們認可的人才上呈給皇帝，使這些人才有機會根據自己的能力被任命為朝廷官員或其他職位。

　　世宗的執政目標之一，同時也是他最著名的，就是讓人民的識讀變得簡單，進一步使受教育的門檻降低。西元15世紀以前，韓語只有語言沒有文字，是以漢字為書寫工具，然而由於韓語和漢語是完全不同的語系，漢字又是由成千上萬的個別

文字所組成的，文言分離，使用漢字紀錄韓語並不是一件容易的事，加上一般百姓並不懂漢文，非常不利於文化的交流與發展，因此世宗致力於創造一個簡單並且容易使用的書寫系統。1443年世宗組織了一批學者並主導創造一套適合標記韓語語音的文字體系，即後來完成的諺文（今韓文），並於1446年頒布《訓民正音》，意為「教老百姓以正確的字音」。這套表音書寫系統最初是由11個母音和17個子音所組成的28個字母，發展至今已被縮減成10個母音和14個子音所組成的24個字母。

不過最初諺文受到許多使用漢字的文人和兩班貴族的批評與反對，因為他們認為拋棄漢字就等於失去中國文明，即成為夷狄之邦，另外還會限制了對中國經典的學術研究。即使如此，世宗仍堅持使用諺文，並命令學者們開始將經典書籍和佛經翻譯成韓文。然而由於文人和貴族的抵制，諺文直到20世紀才被廣泛使用。但是，韓文的發明大量地減少文盲的人數並促進了知識的傳遞，進而推動了朝鮮政治、經濟、文化的發展，世宗大王也得到了後世的愛戴。

經濟方面，世宗下令讓人整理朝鮮半島各地的農耕技術，編定成書以幫助農民提高農產量。1429年在世宗的監督下朝鮮第一部農書《農事直說》著成，其中記錄了種植、收穫、播種和土壤處理等農業技術。除了編纂《農桑輯要》、《四時纂要》與《本國經驗方》等多部農書外，世宗還會根據經濟狀況調節農稅，並對土地稅進行改革，減輕農民負擔，使農民可以專心耕作。倘若宮廷有餘糧，還會發放給窮苦人家，賑濟災

民。此外，他還指導了更多其他的技術書籍，在朝鮮傳統醫學上也得到很大的發展，例如《醫方類聚》和《鄉藥集成方》的發表被認為是朝鮮傳統醫學與中醫的分水嶺。

　　世宗在位期間科學技術發展迅速。在當時，朝鮮有一位天資聰穎但出身低微的發明家——蔣英實，被太宗叫進宮中並授予官職，命其進行發明，但卻受到朝廷官員的抗議，然而世宗卻十分看重他的能力。後來蔣英實參考中國和阿拉伯典籍研製出朝鮮王朝自己的水鐘、渾天儀和日晷，更於1442年發明出最著名亦是朝鮮半島歷史上第一個雨量計，不過這項發明並沒有保留下來，現存最早的雨量計是1770年朝鮮英祖依據《承政院日記》中所記載，命人複製的。

　　曆法方面，1433年在世宗的主持下，以明朝的大統曆算法為基礎，創造出《七政算內篇》，又根據伊斯蘭曆創造出《七政算外篇》，為朝鮮自主編寫曆法的開始。而後世宗還下令改革曆法，將朝鮮曆法緯度由北京改為漢城，新的曆法使朝鮮的天文學家能更加準確地預測日食與月食的時間。印刷技術方面，1434年以青銅活字印刷術為基礎，進而改良的甲寅字印刷術出現，使得朝鮮的印刷技術達到相當發達的程度。

　　在軍事方面，世宗也取得了令人印象深刻的成就。1419年在太宗的建議下，世宗發動己亥東征，目的在於清除進犯朝鮮海岸多年的對馬海峽倭寇之侵擾，後捕獲倭寇首領，押到朝鮮王宮，並於1443年簽訂癸亥條約，倭寇首領接受朝鮮王朝對對馬海峽的宗主權，朝鮮方面也給予在對馬海峽與朝鮮貿易的

優先權。在北部邊疆部分，世宗除了下令修建四郡六鎮以加強邊防外，還制定了諸多鞏固國防的法規，並倡導新武器的發明和發展，在他帶領下朝鮮研製出許多火箭及火炮。1433年，世宗派金宗瑞攻打長年騷擾朝鮮邊境的女真兀狄哈，金宗瑞擊敗之，並使朝鮮得以守住今日在鴨綠江和圖們江的邊界。

世宗長期受各種疾病所苦，1439年時自稱這十多年來已受焦渴、背浮腫、淋疾和眼病所困擾，到後來左眼幾乎到了失明的地步，從症狀上來看，他當時可能已罹患糖尿病以及其引發的白內障。世宗平時常藉溫泉療養來減緩病症，雖有一定的成效，但卻無法根治。到了晚年又苦於風疾，最終於陰曆1450年享年52歲病逝，廟號「世宗」，明朝賜廟號「莊憲」，朝鮮加諡曰「莊憲英文睿武仁聖明孝大王」。他的陵墓初葬廣州獻陵（位於今首爾特別市瑞草區），後於睿宗元年移葬驪州城山英陵（位於今京畿道）。在他三十二年的統治時期，具有令人印象深刻的社會、政治、學術和科學成就，這是朝鮮人民非常自豪的韓國黃金時期。

由於世宗大王對於韓國的影響之大，今日的韓國有許多事物都以紀念世宗大王來命名，例如一萬韓元紙幣的正面圖案即為世宗大王的頭像、韓國首都首爾的世宗文化會館與世宗路、韓國國軍的世宗大王級驅逐艦、韓國的南極科學考察站世宗科學基地、韓國從2007年起籌建的新行政首都──世宗特別自治市、國際跆拳道聯盟的二十四套拳法中的「世宗」拳法等，都是以世宗大王來命名的。此外，在韓國還有兩個節日與他有

關，分別為「文字節」（10月9日）和「教師節」（世宗大王誕辰日，5月15日）。首爾東北部的世宗大王紀念事業會還設立了一個與世宗相關的博物館和圖書館。

　　後世對於世宗大王多持正面評價，將其譽為「海東堯舜」、「聖君世宗」等，在朝鮮史上，李舜臣是軍事方面的民族英雄，而世宗李祹則被奉為文化方面的民族英雄，受到了極高的推崇，在當代韓國的公共場所，兩人的雕像更是常常左右相對，被視為朝鮮民族自主意識的象徵。然而，世宗晚年因崇信佛教，頗為儒生所詬病，也留下了對其的負面評價。

王建

　　高麗太祖王建，字若天，生於公元877年1月31日，卒於943年7月4日。王建出生於松岳郡（今北韓開城）。王建的父親王隆生於新羅末期，當時朝鮮半島的局面十分混亂，各地叛亂四起。其中又以甄萱與弓裔脫穎而出。王隆是一位商人，帶著王建投靠弓裔勢力。而王建智勇雙全，頗受弓裔倚重，擔任了大將軍的重要職務。不料弓裔並非一位施行仁政的領導者。弓裔十分仇視新羅，企圖殺害所有的新羅人。此外，弓裔推廣佛教，欲利用佛教維繫自己的統治權。

　　然而弓裔也對自己的部下百般猜忌，誅殺他認為有叛變疑慮之人。甚至對外聲稱自己有洞察他人想法的能力，造成部下人人自危，百般不安，最終導致了部下的叛變。弓裔末年，弓裔的部下洪儒、裴玄慶、申崇謙、卜智謙等人到王建家，欲商議擁戴王建為王之事。王建原來強力反對，但妻子柳氏對王建說：「舉義代虐自古而然。今聞諸將議，妾猶奮發，何況大丈夫乎？」為王建披上鎧甲，諸將上前擁戴王建為王。西元918年，王建推翻弓裔並將其殺死，自立為王，並定都於自己的故鄉松岳。而為尋求王朝的正統性，王建沿用了高句麗的國號，

定國號為「高麗」，年號天授。

　　王建一共有29名妻妾，分別是王太后3人、王后3人、大夫人1人、夫人4人、院夫人18人。其中的有王太后頭銜的為神明王太后劉氏、神靜王太后皇甫氏和神成王太后金氏。關於王建的結髮妻子有一個很有趣的故事。王建的第一任妻子為神惠王后柳氏，為三重大匡柳天弓之女。當時王建還是弓裔的將軍，帶兵經過貞州時，在古柳下遇見了柳氏。王建一見到柳氏便傾心於她。那晚王建在柳氏家借宿。隔天王建離開貞州後，柳氏為守志貞潔，竟剃髮為尼。王建聽說此事，立刻立柳氏為夫人。就連弓裔末年，王建受擁戴為王之事，也是多虧了七子的當頭棒喝。可見這位結髮妻子神惠王后對王建影響有多深。而王建的25個兒子裡有3位成為後高句麗的王，分別為高麗惠宗王武、高麗定宗王堯與高麗光宗王昭。在高麗時代，近親通婚的現象十分普遍，因此9個女兒裡，皇甫氏和柳氏也分別嫁予自己的兄弟，獲得大穆王后與文惠王后的稱號。

　　王建的敵對部族甄萱滅了新羅後，與王建展開16年的拉鋸戰爭。然而公元935年，後百濟卻發生了內亂。甄萱的長子甄神劍聯合二子良劍和三子龍劍幽禁其父於「金山佛宇」，殺死被甄萱立為儲君的四子金剛，自立為王。甄萱只好向敵人王建俯首稱臣。《高麗史·太祖本紀》記載著甄萱的一段話：「願仗威靈，以誅賊子」。於是王建與甄萱「親率三軍赴天安討伐甄神劍」。這樣的事情造成朝鮮半島的局勢有了巨大的轉變。在此事之後，甄萱終日憂鬱，不久即卒於黃山佛舍。王建任命

甄萱之婿朴英規為佐丞，以示對甄氏的懷柔之意。

　　統一朝鮮半島之後，王建面臨如何鞏固統治王朝與面對外擾契丹的難題。王建參照泰封、新羅和中原王朝的典章制度，為新興的高麗王朝初步確立了中央政府的架構。

　　高麗前期，地方豪族勢力十分龐大。所謂的豪族是新羅後期各地的武裝勢力，在王建統一王朝戰爭結束後，地方上的城主和他們的城寨依然保持著獨立和半獨立的地位。這些豪族在王建勢力仍較弱時歸附了王建。這對王建無疑是一個相當大的助力。因此王建實施婚姻政策，欲將豪族納入整個王朝的家族體系，這除了是政治手段，也是一種酬賞。以政治的立場來思考，王建是為了透過與豪族聯姻來整合多個分散的勢力，畢竟在地方上的統治還得靠地方豪族來維繫。和地方豪族聯姻，可以鞏固王室和豪族之間的關係。王建和全國二十多個大族有聯姻關係，例如貞州柳氏、平山庾氏和朴氏、廣州王氏等。除此之外，王建還按照地方豪族對王朝的功勳分配城邑大小。他將全國大小豪族的領地對應設置成府、州、縣，執掌這些府、州、縣的官員依然是原來的豪族，這樣一來就成功地將豪族納入高麗王朝的統治體系當中。

　　從現代的眼光觀看王建，我們可以發現王建是一位非常有遠見及先進思想的君王。他認為透過婚姻政策拉攏豪族勢力，才能達到國家局勢的安定並安撫民心。待改善與人民的關係，樹立良好形象後，才能真正獲得人民的信任，並取得人民的理解及支持，進而為王朝建立新的口碑。這樣建立品牌的思想很

類似今日公部門所強調的「公共關係」。

如果說在對待國內豪族的問題上，王建採取了懷柔和推恩的策略，那麼與此形成鮮明對比的是，王建在朝鮮半島的北部積極進取的戰略。自公元668年被唐軍攻破以後，平壤逐漸荒廢，王建以防禦女真侵擾為由將平壤升格為西京，派遣從弟王式廉為長官駐守。在高麗王朝的早期，西京平壤的長官擁有很大的權力，他只需要對國王本人負責，其部下官員的任免完全由長官自己決定。與此同時，王建採取了移民實邊的策略，將大量的人口從半島的南部遷往北部。王建的這些措施增強了高麗北部的邊防力量，大大拓展了國土面積。

高麗文化其中一大政策就是佛教的推廣，這和獨尊儒術的朝鮮王朝非常不一樣。太祖王建對佛教有極大的熱忱。在太祖二年遷都松岳郡，升郡為開州後，建立了法王寺、五輪寺、興國寺和安和寺等十座寺廟於京內。這可以說是高麗王朝官辦寺院的開始。新羅末年，朝鮮半島四分五裂，政治情勢混亂造成人民生活困苦不堪。因此當王建統一新羅王朝後，首先要做的事情就是讓人民休養生息。如此一來不僅政府政策十分重要，還必須設立人民的信仰中心。因此高麗初期，王建廣建佛寺，希望人民能從宗教中尋求慰藉。晚年的王建因為恐懼死亡而成為一名虔誠的佛教徒。《白雲山內院寺事蹟》有云：「太祖救諸州，建叢林，設禪院，造佛造塔，凡至三千五百餘所」，由此可知太祖對佛教的虔誠。

儘管王建想設法籠絡地方豪族，但這樣的安撫只短暫維持

在太祖生前。公元944年（惠宗二年），王規向惠宗誣告王弟王堯和王昭有異圖，惠宗知道是誣告，反而對二人恩遇愈厚。陷害王堯與王昭不成，王規又派刺客潛入惠宗寢宮，想要趁惠宗睡熟的時候將其謀害，並立自己的外孫廣州院君為王。惠宗驚醒，將刺客一拳擊斃，命令左右將其屍體拖出，不再追問。惠宗薨後，王弟王堯繼位為定宗，王規便舉兵作亂。其實王建的懷柔政策本身就有縱容豪族之嫌。雖然王建早已知道王規有叛亂的野心，卻不加以約束，導致王建死後兩年就爆發了「王規之亂」，差點顛覆高麗王朝。

太祖的妻兒眾多，每位王后、夫人身後其實都代表一個龐大的外戚勢力。雖然豪族聯姻的政策提供了短暫的和平，但也造成外戚對王位的野心日漸龐大，錯綜複雜的權力鬥爭接踵而起，這大概也是王建始料未及的吧！

篇二　文臣武將

鄭道傳

　　鄭道傳（1342?-1398），號三峰，慶尚道奉化人，為生於高麗王朝後期，卒於朝鮮王朝初期的儒學家和政治家。著有《三峰集》、《佛氏雜辯》等。

　　鄭道傳自少年時代即勤奮勉學，出於儒家大學者李穡的門下，求學於成均館太學，並曾任大司成（為實際權力最高者）。出仕後曾被流放三次，期間看盡民間疾苦，加深經世思想。高麗王朝末期，為主張易姓革命，不惜與恩師、同儕反目，並擁立武將李成桂稱王（後為朝鮮王朝太祖），協助朝鮮王朝揭幕。在此之後鄭道傳極被重用，又因建國有功，被封為「開國一等功臣」。積極推行改革的同時，也因權力越趨龐大，同時捲入王子繼位之爭，使他遭李成桂之子李芳遠（後為太宗）所忌，並遭其暗殺，無緣親自實現治國理想。

　　做為父親云敬和母親丹陽禹氏所生的鄭道傳，是三男一女中的長男。本籍為奉化，家中代代都為鄉吏（地方官吏）。然而，家風的不純正卻是他一輩子的枷鎖。原因在於他的外祖母是僧人金戩和其奴婢樹伊通姦所生，而他的太太崔氏也是父親崔殺和他人的私生女。這樣擺脫不了的血統身分讓鄭道傳常常

會被抨擊，尤其是在政治上與他對立的人，諸如「家風不潔，血統不明」、「鄭道傳出生卑賤，偷了宰相的身分」等，因此令他苦惱了一輩子。這也可看作是他在高麗末期時和其他儒者不同，想要盡快去除王統，主張易姓革命的理由之一。

鄭道傳的父親在中央做官，因此他的少年時代都在高麗的首都開城渡過。鄭道傳生性好學，並受學於當時最有名的儒學者李穡門下，同學有鄭夢周、李崇仁等人，他尤其對鄭夢周的博學感到欽佩與尊敬。1360年時鄭道傳進入成均館學習，作為當時主掌儒學的教育的最高學府成均館，他得以因此對儒學有更深的接觸。1362年他考取進士合格，開始他的仕途。

當時，因恭愍王想要與親元勢力訣別，藉以再興高麗。作為其中的一環，恭愍王復興了成均館，振興儒學教育，同時積極任用有才氣的新興士大夫與新進官僚，而鄭道傳也剛好趕上了這班列車，得到上層的信任與任用，開始順利晉升官位。此改革雖然並沒有全部成功，卻使新興官僚層藉此建立起信奉朱子學（性理學）的集權政治，嶄露頭角的士大夫也活躍於朝鮮王朝，主導儒家的王道政治並實現之，鄭道傳就是最佳代表。

然而由於他的父母於1366年接連過世，信奉儒家的他二話不說，立即返回故鄉，在父母的墓旁邊建了一個小屋守喪三年，由此事即可以看得出來他對儒家的忠誠。而閒暇之餘，他也會教弟子和鄉里間的人朱子學，傳播自己所學的知識。待他服完喪時，李穡招他回中央任成均館的成均博士。鄭道傳藉在成均館任職期間，除了大量加深朱子學的學識之外，也和各個

優秀人才切磋琢磨。

　　恭愍王後禑王即位，讓他平坦的人生道路開始有了起伏。擁立禑王的李仁任為舊勢力的代表，他掌握實權，主張親元政策，並排除鄭道傳、鄭夢周等儒臣勢力。鄭道傳因反對親元而表達積極的抗議，更送抗議文至都堂。因為這樣的舉動，他於1375年被解職，流放到遠離開城的全羅南道三年。在這期間，他並非就此不問政事，反而因為流放時過著貧苦日子，和社會底層的人民有更深一層的互動，對人民有更深一層的思考。流放期間他流浪各地，觀察到的是在權力積極鬥爭與官僚的腐敗墮落下，每日生活在水深火熱之中的人民的無助及困難，更加深了他經世為民的思想。

　　另外，鄭道傳瞭解到對庶民來說最重要的事，就是食衣住的相關問題，且這同時也是對國家來說最重要的問題。為此，他主張應改革被權力者強佔的田地制度，革除不工作還吃飽穿暖的人，及增加農民的耕作地，其中他尤其強力批評權力者所消費的食料量是平民的十倍，認為這些人所作所為已喪失人倫，和盜賊沒有兩樣。根據這樣的正義感，鄭道傳強烈憎恨為了金錢與權力阿諛奉承的人。總而言之，在流放生活中，他靠著親身所聞所見，思索著經世的思想的同時，更鞏固了改革的信念，其間也透過幾本著作來表達自己的理念。鄭道傳不斷計畫著向現實社會反擊，但並非單單為了私人恩怨，而是為了拯救活在困苦中的人民，為了建立更偉大的時代。

　　鄭道傳於1383年回到開京，並抱著自己急進的改革想法，

以改革派作為活動中心。此時只要是反對改革的人，即便是昔日恩師或昔日學友，都成了他毫不客氣攻擊的對象，而這點早已有跡可循。好比在他仰慕的老師李穡於1370年，因作為保守派代表反對田制改革，並遭到流放時，鄭道傳就是其急先鋒。當然，同樣作為保守派的鄭夢周也遭到鄭道傳的批評。1384年，鄭道傳時隔九年被復職，此時鄭夢周作為使節前往明，他則作為書狀官同行。儘管兩人彼此都知道在政治思想上面不合，鄭夢周避免和鄭道傳直接發生衝突，他反而像個親友對鄭道傳百般照顧。然而，在鄭夢周看來，鄭道傳就是一個不論在義理或人情上都忘恩負義之徒，兩人可以說是如同敵對般的存在。

　　因主張激進改革，讓鄭道傳和武將李成桂有了直接的連結。作為武將，李成桂戰績斐然，很得民心，使其勢力急速聲張。改革派看上這樣的明日之星，積極擁護李成桂，鄭道傳當然也不例外。1383年，鄭道傳去正在討伐倭寇的李成桂陣地訪問，其後受李成桂的推薦再度踏上官職，此舉可視為他人生的轉機。然而鄭道傳不安於現狀，因為在他的眼裡，高麗已是了無生氣的老人，就算耗盡多大力氣再起也都是徒勞無功。因此，在此時擁戴具有人望的李成桂，讓他建立新的國家才是有意義的事情，這就是易姓革命的想法，但卻並不被同為信奉儒家，且主張「忠君不仕二臣」的保守派所認同。

　　在高麗王朝末期，鄭道傳在政治上的立場不斷與反對勢力衝突。當時他最主要的政敵包括了昔日的學友鄭夢周、禹玄寶

等人。鄭道傳不顧與其反目的原因就在於他認為,沒有經歷過苦難的師友所做出的議論根本就是空泛無比。對於這樣的鄭道傳,反對派也開始反擊,1391年藉舊勢力在土地改革的反動當中使他再度於被流放。翌年處分雖解除,但又因出身被攻擊為「賤民」而被逮捕。

當鄭道傳覺得自己已無法再施抱負時,李成桂的兒子李芳遠為幫助父親建立王朝,殺害了反對易姓革命的絆腳石代表鄭夢周,不僅解除了鄭道傳的危機,也使李成桂順利於1392年在合法政權交替下取得王位,開啟了朝鮮王朝。

太祖(1392-1398)即位後,鄭道傳因建國有功而被封為「開國第一功臣」,他握有實權,能參與諸多政事。如太祖將新王朝的國號改為朝鮮,將首都由開京移至漢陽,發表了許多土地、軍事政策,都是參考了以鄭道傳為首的改革派主張。

同時,鄭道傳作為建造新都城的總負責人,負責替新王宮及其門命名(如南門稱崇禮門、東門稱興仁門等)及畫分行政區域,在王朝的設計上扮演十分重要的角色。1394年,鄭道傳參考了周禮的統治規範,制定了治國與法律基礎的《朝鮮經國典》和《經濟文鑑》。此外,從太祖選擇以儒家立國,並在崇儒抑佛與親明政策的想法和鄭道傳一致看來,不難看出他對太祖的影響。

鄭道傳與太祖兩人就好比張良與劉邦,鄭道傳需要一個舞台施展抱負,出身武將的太祖也需要一位具有見識之人協助他治理國家。這樣被委以重任的鄭道傳卻遭到了李芳遠所忌,

最後惹來殺機。導火線就在於儘管剷除掉鄭夢周，李芳遠並未被列於開國功臣內，也無法參與政治。而鄭道傳又主張以宰相治國，更壓縮了李芳遠在政治上的發展空間。最後鄭道傳因政治上的考量推薦較年幼的八子李芳碩為世子，身為五子的李芳遠心生不滿，認為「李氏建國卻由鄭氏吞食」而種下殺機。趁太祖因病療養間，李芳遠於景福宮發動了政變，殺死了毫無抵抗能力的李方碩與鄭道傳。鄭道傳雖傳因捲入王子之爭而被犧牲，但他的治國理念卻多為李芳遠所施行。

李舜臣

　　李舜臣對朝鮮人民而言是當之無愧的民族英雄，拯救千萬人民免於外患摧殘；對明朝將領而言是並肩作戰，令人肅然起敬的水軍奇才；然而對日本海軍卻是夢魘般的存在，奇謀盡出，以睿智扭轉乾坤，徹底擊碎了日本染指朝鮮的野心。毫無疑問李舜臣在朝鮮歷史中留下色彩濃厚的一筆，甚至一直到今日的韓國仍具有崇高的聲望和地位。

　　李舜臣，字汝諧，號德水，誕生於西元1545年，漢城乾川洞（今首爾仁峴洞）沒落的名門望族世家。31歲時李舜臣武科及第，發配於邊疆防禦滿州女真人，卻與上司不合並因延誤戰機過失罪被處以革職，此時的李舜臣可說是鬱鬱不得志，滿懷熱血卻無法發揮。

　　遭革職後的李舜臣不願屈服，以著白衣身份重新參軍（此乃「白衣從軍」典故的由來），逐漸一步步爬升至全羅道助防將、珍島郡守等職。與此同時，日本在豐臣秀吉手中結束群雄割據的戰國時代後，急於透過武力征討來向外擴張，以借道為藉口發兵入侵朝鮮，拉起了「朝鮮之役」的序幕。這場戰爭於1592年爆發，發生約三十場大大小小的戰役，持續六年的戰火

無情摧殘了幾近全部的朝鮮國土，對明朝、朝鮮、日本三國日後的局勢影響深遠，也成為李舜臣崛起的契機，自此開創流傳千古的名將傳奇。

戰爭初期，武器落後又因黨派紛爭國力衰弱的朝鮮，被裝備西方武器的日本軍隊打得節節敗退，幾個月內漢城等大都市都已淪陷，日軍幾乎已佔領大半個朝鮮半島，宣祖李昖急忙向宗主國明朝求助。國家極度危急之際，右議政（相當於宰相）柳成龍向宣祖推薦逐漸在水軍中嶄露頭角的李舜臣，宣祖馬上破格擢升已47歲的李舜臣為全羅左道水軍節度使，並加封折衝將軍。李舜臣上任後大力整頓水軍，興建防禦基地，對水軍戰術和編制作出改革，更是從他手中誕生了如今舉世聞名的新戰艦——龜甲船。

李舜臣由當時「蒙沖」戰船改良而成的龜甲船體型巨大，封閉式的船身有著一層以硬木製作，包覆六角形鐵板的「龜殼」，使敵方跑火不易傷害，並綴滿鋒利尖錐，防止近軍交戰；船頭設置龍首，能透過焚燒硫磺，以隱蔽自己和迷惑敵人；船艙則分火砲艙和動力艙，分別裝備三十門大砲及二十具船櫓，增加火力配置以及糧食的運載量，成為攻防一體的新型裝甲戰艦。平時航行靠帆，戰鬥衝刺時能以槳手划槳加速，其強悍的火力、防禦力和機動性，對日本海軍有極大的克制效果，過往日本海軍以海盜作風聞名，擅長的短兵相接的接舷戰幾乎對龜甲船毫無用武之地。

朝鮮陸軍屢敗屢退，苦苦支撐等待明朝馳援的過程中，李

舜臣率領的水軍卻連連傳回捷報，在玉浦、唐項浦、泗川等地都率領龜甲船艦隊取得勝利，大大激勵朝鮮軍民抗敵的決心。日本水師受此嚴厲打擊，下令與朝鮮水軍決一死戰，在巨濟島一帶集結準備發動進攻，李舜臣則集結全羅道和慶尚道的聯合艦隊準備迎戰。李舜臣率先派出6艘板屋船引誘日艦，成功地將日本水軍將領脇坂安治一路引到閑山島附近，一步踏入李舜臣早已佈置好的埋伏中。日軍醒悟時卻早已深入閑山島海域，李舜臣以鶴翼U型陣從兩側將日艦包圍住，以龜甲戰船衝撞日軍主力戰艦，又以猛烈的炮火從各個角度將被圍的日艦摧毀。日軍損失極為慘重，三位主指揮官皆陣亡後，日軍趕忙撤退，朝鮮水軍取得漂亮的勝利，李舜臣事後宣稱共擊毀日本艦隊63艘，是為「閑山島大捷」。

當時日軍的陸路運輸補給比起海水運輸要花費4倍的人力物力，且常會遭到軍隊和朝鮮義兵的伏擊。李舜臣於閑山島大捷有效切斷了日軍在黃海的補給線，使得已經攻陷平壤的小西行長難以繼續向北前行，加上朝鮮境內破壞過度又瘟疫流行，打破了豐臣秀吉的戰略部署。閑山島大捷成為朝鮮之役初期局面的轉捩點，朝鮮暫時抵禦住日本的閃電入侵，三國簽訂議和條約，然而三國間仍有許多間隙和暗潮流湧。

議和一年多後，1597年日本認為休養已足，豐臣秀吉旋即又找到藉口下令進攻朝鮮，朝鮮之役再度爆發，宣祖李昖只得緊急向明朝二次求援。由於上次慘痛的教訓，日本決心率先對付最為忌憚的李舜臣水軍，日本軍團長小西行長派出間諜向朝

鮮將領密報，假意供出與其不合的另一軍團長加藤清正，將會路過李舜臣防守的島嶼，希望朝鮮前往擒殺。朝鮮君臣信以為真並如獲至寶，命李舜臣前往偷襲。李舜臣卻拒絕出兵，他對前來傳令的大臣分析道：「海道艱險，敵人必多設伏兵。船去多了敵人必定知道，去小船則徒勞無功。」就是如此一句話，卻讓拯救朝鮮人民於水火之中的李舜臣，一夕之間淪為政治鬥爭的祭品。當初推薦李舜臣的右議政柳成龍為東人黨代表，其對手西人黨統領左議政金應南率先發難，上疏宣祖稱李舜臣謊報軍情、延誤軍機，坐擁重兵又不服指揮的李舜臣再度被貶為平民，押赴王京入獄論罪。

日本眼見反間計得逞，於同年8月出兵與朝鮮水師在漆川梁大戰，新任主帥元均率領的朝鮮水師卻毫無抵抗之力，幾乎全軍覆滅只餘12艘戰艦，更是喪失了辛苦奪得的制海權。宣祖只得再次起用已遭罷黜的李舜臣。李舜臣滿懷熱血為國付出，卻遭讒言入獄，再度上任時又發現苦心經營的水師已殘缺不堪。他雖苦悶與不甘，仍心繫救國重任，並立下後世流傳有名的誓言：「今臣尚有戰船十二，出死力拒戰，則猶可為也。今若全廢舟師，是賊之所以為幸，而由湖右達於漢水，此臣之所恐也。戰船雖寡，微臣不死，則不敢侮我矣。」8月28日，李舜臣指揮著這支剛重建的水師，與日本水師在鳴梁海峽決戰，成為李舜臣再度揚名天下的「鳴梁大捷」。

鳴梁海峽狹窄湍急，每隔3個小時海流方向會發生逆轉。李舜臣以民用船隻偽裝成軍艦，親率戰艦引誘日艦深入後，隱

蔽在山腳的朝鮮水軍發起猛烈的炮轟。日本的尖底艦船在湍急的海流中搖晃不定，而李舜臣海軍使用的平底船卻船身平穩，加上有山體的遮掩，日軍的炮火無法打中目標。海流開始逆轉後，李舜臣事先已經佈置的鋼索和木樁使日方的戰艦開始相互碰撞。李舜臣趁亂展開猛烈攻勢，以僅有的12艘軍艦擊沉日軍200多艘軍艦，是世界上海軍戰事中謂為奇蹟的一役，也讓李舜臣的聲望升至巔峰。

而陸地戰事在明朝有力的支援下，日軍連連失利且久攻不下，早已失去戰意逐漸撤退，朝鮮之役已漸入尾聲。1598年於蔚山最後撤退的小西行長遭受截擊，日方派出大批艦隊來救援，中朝聯軍則以戰艦數百，分布忠清、全羅、慶尚各個海口迎對。主帥陳璘派遣明朝鄧子龍偕同李舜臣在露梁海上截擊日本援軍。鄧子龍為前鋒與日軍決戰，卻遭誤擲火器而戰死。李舜臣領兵救援，率龜甲船衝入敵陣，終被日軍包圍，身中流彈而亡，他死前叮囑不許張揚，並把軍旗交給其子代為發號施令，以防軍心潰敗。隨後大軍趕至，日軍付出損失戰船數百餘艘，多達數萬死傷的重大代價下，才使小西行長等將領得以撤離朝鮮。露梁海戰明、朝聯軍大獲全勝卻也失去了萬人景仰的水軍棟樑。

一代名將水軍奇才李舜臣，創下無數的輝煌戰績，歷經人生的起伏跌宕，仍不遺餘力的為國付出，其忠義形象直到現代都被韓國人視為民族英雄的代表，於現今首爾光化門廣場仍可見其偉岸的銅像屹立不搖，硬幣和戰艦也以李舜臣為紀念人

物。他傳奇的事蹟確實值得稱頌，卻也被過度神化和衍生誇張的論述，李舜臣最大的貢獻是箝制住進犯朝鮮海域的日軍，使得明朝援軍在陸戰上也徹底擊潰日軍，明朝與朝鮮雙方的合作仍是極為重要的環節。不過不論如何，李舜臣那對抗外敵，堅決守護民族的身影都在韓半島上人民的心中成為不滅的常勝將軍。

乙支文德

　　乙支文德於6世紀中期出生在朝鮮平壤石多山。是高句麗時代一名文武雙全的政治家與軍事家。曾經擔任過高句麗的宰相，並深得高句麗國王的信任。那時的高句麗已經發展成為東北亞不可忽視的力量，經常與週邊國家交戰。乙支文德在612年打敗隋煬帝百萬大軍的入侵立下汗馬功勞，被朝鮮半島奉為抗擊外來侵略的民族英雄。

　　公元7世紀，高句麗是朝鮮半島三大國強國之一，軍事實力很大，因此，經常和鄰國百濟國、新羅國和中國的隋朝發生戰爭，高句麗族在乙支文德的帶領之下，在多次戰爭中步步為營，把其他國家打得落花流水，使得當時的高句麗國富民強，外無別國的侵略和憂患。

　　「薩水大捷」是乙支文德指揮眾多戰役中最著名的一次。在612年，隋朝大將率領百萬精兵攻打高句麗，這對高句麗來說是很大的威脅，因為高句麗的兵力遠遠比不上當時強大的隋朝。但是乙支文德很冷靜的洞察到隋軍的進攻路線，運籌帷幄，把隋軍引誘到高句麗首都，與隋軍周旋幾個月。

　　並且中斷隋軍的糧食，使得隋軍困頓不已，不得不撤退

高句麗，高句麗在乙支文德的帶領下，最終取得薩水大捷。乙支文德在擔任高句麗的宰相時，使得高句麗的統治變得井井有條，人們安居樂業、生活平靜。乙支文德將軍是著名的歷史英雄人物之一，成為後人景仰的英雄。

薩水之戰是612年隋朝第二次攻打高句麗中的一次大戰役。隋煬帝出兵一百一十萬三千八百名士兵由宇文述（其子宇文化及縊弒隋煬帝）、于仲文率領九個軍團渡鴨綠江向高句麗發起了猛攻。宇文述善於逢迎拍馬，甚得煬帝楊廣歡心，言聽計從，權傾朝野。然性貪婪，接受各方饋贈無數，金寶山積，僮僕千人。

在隋軍大軍絕無僅有的強大攻勢之前，乙支文德選擇暫時逃避，通過反覆請降的拖延戰術，成功地與隋朝軍隊周旋了數個月，因此，隋朝大軍沒能順利攻下遼東城，征戰的進度被大大地拖延了。在久攻不下之際，隋朝便派遣了一支突擊隊，準備對高句麗後方造成一定的打擊，還下令每個士兵都要自己攜帶食物。不過這大大加重了士兵的負擔。

許多士兵為了減輕負擔，扔下所帶的食物。等隋朝軍隊到達鴨綠江後，物資已嚴重缺乏。乙支文德洞悉隋軍的意圖後，雖然與隋朝兵力對比懸殊的情況下，但還是大膽入侵的隋軍，隋軍的突擊隊中計而陷入困境。在軍隊缺乏糧食供給的情況下，乙支文德帶領高句麗軍隊開始反攻，隋軍被迫開始撤退，乙支文德便趁勢下令發動攻擊。

在隋軍撤退的必經之地薩水（清川江），乙支文德命令構

築堤壩，蓄起大水。當入侵的隋朝軍隊退到薩水，準備渡江的時候，乙支文德便下令開閘放水。大批隋軍士兵面對突如其來的大水猝不及防，紛紛四散而逃。隨後乙支文德帶領早就已經埋伏好的高句麗軍隊對入侵的隋朝軍隊發動猛攻，將隋軍打得潰不成軍。根據史料記載，此次選為突擊隊的三十五萬五千隋軍中，活著回到隋軍領地的僅僅只有兩千七百多人，乙支文德抵禦隋朝軍隊並大膽的壯舉使他一戰成名，這也使得高句麗獲得很長一段時間的和平時期。

薩水大戰成為了垂名青史的大戰。而受此影響而動搖根本的隋朝，在後來第三次出征高句麗時又一次遭到大敗。618年，隋煬帝被殺死，隋朝滅亡。儘管改變了歷史的乙支文德在戰爭一結束就在歷史的紀錄中消失了，但直到今天，他的名字和薩水大捷的戰功依然被世人傳誦。乙支文德留下寶貴經驗告訴世人，不管敵人多麼強大，只要從容應對，用智慧真心便可取得勝利。他就是國家越處於危難時刻，越能散發出光芒的護國英雄。

高句麗民族沒有自己民族的文字，只能用漢字記述事情，表達思想。現已發現的好太王碑、中原郡碑、冉牟墓墓誌、冬壽墓墨書題記、德興里壁畫墓墨書題記和榜題、佛像銘、鉻文磚、銘文瓦上面的漢字佐證了這一點。

史籍所載的另一首詩也是在漢文化長期積澱下產生的，這便是高句麗大將軍乙支文德所寫的《遺于仲文》，是朝鮮半島現存存最早的詩詞之一。

　　據《隋書》記載，于仲文從隋煬帝征遼東，高句麗出兵掩襲輜重。于仲文率軍迎擊，大破之，追至鴨綠江。高句麗大將乙支文德詐降，仲文部將勸其將乙支文德放歸，仲文然之，但又後悔，選精騎追之，每戰皆捷。由是，乙支文德便寫了這首詩贈于仲文。

　　該詩五言四句，對於仲文的文韜武略大加讚賞，同時含蘊禪機，勸於仲文知足而止。詩文言簡意賅，文通押韻，看似隨手而作，卻反映出作為武將而不凡的漢詩功力。顯然這也是高句麗重視教育，熟讀漢書的結果。

　　薩水之戰時，乙支文德拿一面大白旗，上面寫著「神策究天文，妙算窮地理，戰勝功既高，知足願雲止」，于仲文看著這一大旗桿上的五言絕句，而輕輕地唸出聲音。

　　副將陳智略，正是當年曾經為蕭摩河的謀反而穿針引線的過家將，還被楊玄感當場擒獲過，事後因為隋煬帝楊廣的大赦令，使此人不僅被釋放，還在後來想辦法投身軍中，七、八年下來，居然慢慢混到了虎賁郎將的官職，這次也是跟著楊廣的侍衛張同仁一起，配屬給右武衛大將軍于仲文，成了他的左膀右臂。

　　陳智略的眉頭一皺地說：「將軍，乙支文德那面白旗是甚麼意思？要我們適可而止，現在就收手嗎？」，張同仁是個粗人，大大咧咧地說：「這小子一定是害怕了，才連忙燒營而撤，然後留下這狗屁不通的詩，想要討好將軍，將軍，別聽他的，咱們繼續追。」于仲文若有所思地搖了頭：「你們都不明

白，這乙支文德的詩裡，是隱含勸退之意，針對的不是我的大軍，而是于仲文我個人。」

陳智略微微一笑的說：「將軍，願聞其詳。」于仲文笑著指著那塊布：「他是說我于仲文，有知天文地理，神機妙算之才，現在強渡薩水成功，又破了他們的緩兵之際，逼得他們慌慌張張的燒營而退，那就是戰膽了，可是他又在這裡說，戰膽功既高，知足願雲止，就是說我已經撈到功了，就沒必要這麼拚，若是繼續撐下去，他們會拼命抵抗，我未必能搞到好處，再說我于仲文若是獨佔大功，也會引起同僚的不滿，所以要知足，適可而止。」

由於乙支文德的戰功彪炳，為後世韓國人所尊崇，現在韓國首爾的市中心的「乙支路」就是以乙支文德命名，韓國國軍第二高的榮譽勳章也是以乙支文德命名，現代的韓國歷史教科書把擊敗中國隋朝大軍的乙支文德與擊退契丹入侵入的姜邯贊、文祿‧慶長之役（韓國稱壬辰‧丁酉倭亂）打擊日本海軍的李舜臣，並列保衛祖國抵抗外敵入侵的三大英雄。

此外，美韓共同軍事演習的密碼代號，「乙支文德」，就代表來自中國大陸的攻擊，當然就是要像乙支文德一樣把中國入侵的軍隊打到滿地找牙的意思。韓國陸軍第12步兵師同樣以「乙支部隊」作為隊名。

姜邯贊

　　姜邯贊出身衿州的貴族家庭，初名殷川，其父姜弓珍為高麗官員，曾助太祖建立高麗王朝並因功受賞。或許是受到家庭影響，姜邯贊從小展露強烈的領導特質，加上父親相當重視教育，七歲便教他儒學、武藝和軍事理論，欲培養他成為將才。在良好的家世及教育薰陶下，姜邯贊懷有為國盡忠的思想，並於三十六歲時考中科舉，被任命為禮官侍郎，相當於今日教育部副部長，但與父親教育理念相反，致力於成為一名優秀的文官。

　　高麗自太祖以來，一直奉行北進政策，光宗積極向鴨綠江地區推進，在清川江對岸建立許多城鎮，在第一次契丹高麗戰爭後又拓展至鴨綠江東，形成所謂的江東六州，屢屢與契丹發生衝突，雙方關係惡劣；高麗在江東六州駐紮重兵，契丹則無時無刻想接管江東六州。而姜邯贊所在的時代，是北宋向北進攻契丹的盛期，契丹受到壓迫，向東擴展至鴨綠江邊，對高麗北界形成壓力，使原先緊張的邊境情勢到了劍拔弩張的地步。

　　西元1009年，穆宗病重，得知金致陽意欲篡位，乃召康兆入開京護衛，然而千秋太后夥同金致陽，誘騙康兆發動政變，

擁立王詢為國王，是為顯宗。聞高麗發生軍變，契丹君主遼聖宗見機不可失，以討伐弒君逆賊康兆為名，率四十萬大軍進兵銅山、通州。康兆兵分三路，隔水佈陣，暫時阻擋遼軍，但仍遭遼軍先鋒擊敗，退至通州。次日康兆再出戰，卻敗退被俘，遼軍乘勢追擊，殲滅高麗軍三萬餘人，繳獲大量武器裝備。遼軍勢如破竹，十二月遼兵攻克郭州，兩天後至清水江，次日又至西京，焚中興寺塔，再次日又克肅州，一路直指開京。面對遼兵壓境，群臣多勸顯宗應盡速投降，以免生靈塗炭。

然而姜邯贊獨排眾議，建議暫離開京前往羅州，避敵芒鋒，待機反攻，獲顯宗採用。遼軍佔領開京後，姜邯贊領導高麗軍展開游擊戰，頻繁偷襲遼軍過長的補給線。契丹聖宗擔心高麗乘機反攻，遂下令撤兵。見敵軍後撤，高麗軍隨即反攻，金淑興與楊規兩位將領一路追擊，殺敵數千，但最終寡不敵眾雙雙戰死。即便如此，高麗軍的反攻並未停歇，而在遼軍淫威下投降的地區起而反叛。時是冬季，氣候嚴峻且下著大雨，遼軍龐大不易移轉，陷於群山之中，為減輕裝束盡速撤退，在渡過鴨綠江之前被迫丟棄了許多武器與裝備。

戰後，姜邯贊因軍功成為國子監祭酒，而後又受封翰林學士、左散騎常侍進中樞使，握有相當於宰相的權力，繼續他的文官生涯。在任期間，他請修社稷壇，命禮官議定禮儀規範，改革吏部尚書，克盡職責。

1018年遼國以東平郡王蕭排押為都統，殿前都點檢蕭屈烈為副，東京留守耶律八哥為督監，領十萬軍隊出征高麗。當時

姜邯贊任西北面行營都統使，於是顯宗命他為大元帥，大將軍姜民瞻作其副官，內史舍人朴從儉、兵部郎中柳參為判官，率二十萬兵馬屯駐於寧州至興化鎮一帶禦敵。姜邯贊挑選精銳騎兵一萬二千人埋伏於山谷中，將敵軍必經之河流暫時堵塞，待敵半渡時決堤，水淹遼軍，並派出騎兵突擊，遼兵大敗而逃。

　　蕭屈烈正面攻擊不成，改採迂迴戰略，繞過姜邯贊的防線，領軍直逼開京，姜民瞻趕緊領兵追至慈州來口山將其擊敗，侍郎趙元又於馬灘擊敗遼兵，斬首一萬餘。隔年一月遼兵再度逼近京城，姜邯贊遣兵馬判官金宗鉉領兵一萬，兼程趕路馳援，東北面兵馬使也派兵三千三百馳援。京城得到支援，遼軍久攻不下，退兵至漣渭州，姜邯贊見機率兵自後掩殺，斬殺首級五百餘，敵兵潰逃，向鴨綠江地區撤退。

　　二月，遼兵撤至龜州，與追擊的姜邯贊高麗軍在茶、陀二河遭遇。遼軍諸將想讓高麗軍渡過兩條河而後再戰，但耶律八哥認為，高麗軍渡河後必背水一戰，不如於兩河之間決戰，遼軍總帥蕭排押決定採用。然而，高麗軍並未積極進攻，而是以強弩夾射遼軍，高麗軍未如預期渡河，遼軍也無力擊潰敵軍，兩軍僵持不下。此時，金宗鉉領兵而至，忽然風雨自南來，旌旗北指，高麗軍士氣大振，奮勇向前，一舉擊破敵軍大營，遼兵潰敗北逃，高麗軍追擊，渡過石川，一路追至盤嶺，遼兵屍橫遍野，被俘者無數，最後僅有數千人撤出朝鮮。遼自立國以來，從未遭遇如此大敗，遼聖宗大怒，揚言要嚴加處分蕭排押。

姜邯贊帶著戰利品率軍凱旋而歸，顯宗在迎波驛迎接他，佈設豪華的宴席，大宴將士，並親自為姜邯贊插上金花八枝，左手握著他的手，右手持酒杯，慰嘆不已，姜邯贊受寵若驚，趕緊拜謝。於是顯宗將驛站名改為「興義賜驛」，調升驛中官員位階以紀念姜邯贊的功績。此時的姜邯贊已七十一歲，向朝廷告老還鄉，但遭駁回，寬限他三天上朝一次，並加封檢校太尉門下侍郎同內史門下平章事、天水縣開國男，食邑三百戶，賜號「推忠謀安國功臣」。

隔年姜邯贊再度上表請辭，朝廷依舊不准，加封特進檢校太傅、天水縣開國子，食邑五百戶。姜邯贊歸納歷次戰爭經驗，認為京城應該築城以利防禦，國王許可，命令王可道負責執行。伺候姜邯贊持續在朝中任職，貢獻一己之力，二十一年升至門下侍中。

後顯宗逝世，德宗即位，授姜邯贊開府儀同三司，推忠謀安國奉上功臣，特進檢校太師侍中、天水郡開國侯，食邑一千戶，姜邯贊達到仕途的高峰。然不久之後，高齡八十四歲的姜邯贊去世，諡號仁憲。為表示哀悼，德宗下令停止上朝三日，命百官前往葬弔姜邯贊，比照侍中劉瑨的規模下葬，表示對他為高麗所作貢獻的尊敬。

從三十六歲起到六十一歲，姜邯贊長年在高麗朝廷中擔任文職，他真正的職志是成為一名出色的文官，但很意外的，真正使他名留青史的，卻是作為一名將領，領導高麗對抗契丹的數度侵攻。相較於其他將領，在對遼戰爭中，姜邯贊雖然在戰

技上並不那麼出色，但作為一位高級指揮官，在情勢的判斷及謀略應用上技高一籌，展現出文官的特質與武官膽識的結合。然而，高麗史中，姜邯贊擔任文職期間的記載極少，反倒著重於軍事方面，而姜邯贊仕途的高峰，也是透過軍功達到的，可見姜邯贊雖志在成為出色的文官，但早年在文職方面的功績較少創建，較擅長守成而非創新。

　　高麗史中這樣評論姜邯贊：「邯贊性清儉，不營產業，體貌矮陋，衣裳垢弊，不踰中人，正色立朝，臨大事決大策，屹然為邦家柱石。時歲豐民安，中外晏然，人以為邯贊之功也。」姜邯贊雖然其貌不揚，但勤奮儉樸且具有臨大事決大策的膽識，以及嚴謹的道德操守，對國家有絕對的忠誠，即便高齡七十歲也奮勇上戰場殺敵，這樣的特質多少是受到家庭影響與父親的教育方針所形成。然而相對的，受到儒家思維箝制，作為文官的姜邯贊多數時候長於守成而少創見，適逢相對平靜的盛世得以一展長才，萬古流芳。

金庾信

　　金庾信將軍是三國時代時新羅的大將，新羅之所以能夠統一朝鮮半島，最大功臣非他莫屬，他出生於595年，逝世於673年，享年79歲。

　　金庾信出生在忠清北道鎮川邑上桂里桂陽村，他的血統混合了新羅和金官加耶，他是加耶王室金首露王第十二代孫，父親是當時的鎮川太守，也是加耶國的貴族金舒玄，母親為新羅國的貴族金萬明，但他和新羅國的關係不只有血統上而已，她的妹妹金文姬（文明王后）嫁給新羅武烈王金春秋，然後更生下了文武王金法敏，還有金仁問、金老旦兩位王子，而金庾信自己也娶了武烈王的三女兒智炤為夫人，所以他不只在血統上和新羅國有關係，他也是新羅王室的女婿，更是新羅文武王的舅舅，和新羅王室的關係十分密切。

　　他卓越的武藝才能從青少年時期便嶄露無遺，十五歲時就已經是花郎（註）組織的將領，十分擅長劍術，雖然他此時只是志學之年的男孩，但就已經有了要統一三國的大志，在十八歲時更成為了「國仙」，或稱為「風月主」，也就是花郎的領袖人物，而他在之後出色的軍事成就也深深影響了花郎組織的

發展，加深了花郎組織對於武藝的重視，在三十四歲時成為了新羅統率軍隊的重要將領，帶領新羅國人打贏許多戰役，可以由此看出他的武藝才能之精進，以及在軍事活動方面的表現是非常活躍的。

金庾信將軍雖然有出色的武藝才能，但根據史書《三國史記》記載，在善德女王在位的前段時間，大小戰役的紀錄都沒有出現過他的名字，他在仕途發展上，並不是從一開始就受到在位者的重視，能夠讓他在眾將領中脫穎而出的關鍵是在善德女王執政的第11年。公元642年時，百濟國侵略新羅國，新羅國戰敗，損失了西部的四十幾座城市和西南部的重鎮大耶城，金春秋也在此戰中失去自己的女兒以及部分重要將領，因此他打算去向高句麗求援，聯合他們的軍隊一起去攻打百濟，但高句麗君主寶藏王對新羅國提出先歸還麻木峴、竹嶺等地才願意出兵的要求，在金春秋表示拒絕後，高句麗君主在一怒之下就將他囚禁於監獄中，而金庾信為了救出金春秋，率領了一萬大軍去攻打高句麗，並成功將他救出，金庾信對金春秋這樣的救命之恩，成就了日後金庾信和金春秋的同盟情誼，得到金春秋在政治上的支持，也是在此之後，金庾信開始受到上位者的重視，官運開始漸趨順利。

到公元647年時，上大等毗曇聯同貴族以女王沒有能力治理國家為由發動叛亂，金庾信是當時擁護女王的將領，他控制王城並與毗曇控制的明活山城對峙，出色的作戰計畫不只鼓舞了士氣，更平定了毗曇之亂。在善德女王逝世後，金庾信和金

春秋共同輔助繼位的真德女王，當時的金庾信的身分是佔領百濟十二城的尚州行軍大總管。而真德女王死後，金春秋登基為武烈王，金庾信以國家名將的身分輔佐他處理國政，從這些不難發現金庾信受到上位者很大的器重和信任。

而金庾信身上帶有伽倻國的血統，但卻能夠在新羅佔一席之地的原因，和當時的時代背景有很大的關係，在朝鮮三國鼎立的時期，每個國家都有一統朝鮮的強烈野心，所以對當時的新羅來說，一個人的能力遠比他的出身還要更加重要，無論你的出身背景如何，是新羅或是伽倻出身都沒關係，只要你是擁有能力的人，就會選擇賦予你重任，相信你的能力能夠對新羅國統一朝鮮的大業有所幫助，因此金庾信能夠不受血統影響，照樣成為新羅受人景仰的名將。

在新羅一統朝鮮的過程中，金庾信將軍的存在功不可沒，各種大小戰事都仰賴他的帶領，據說他常常在好不容易結束一場戰役之後，就又收到下一張出兵令，馬上就必須帶著兵馬前往下一個戰場繼續作戰，因此曾經有將近七個月的時間沒有回過家，金庾信將軍可以說是一位十分稱職的將領，為新羅國不遺餘力的奉獻自己。

從朝鮮三國鼎立開始，高句麗和百濟族常常聯合攻打新羅，而新羅國的軍事力量相較之下比較弱小，很難抵抗兩個國家的聯合攻擊，所以必須想辦法尋求外援，也就是當時控制中原的唐朝。百濟多次阻礙新羅進貢唐朝，而且一直挑起三國間的矛盾，新羅武烈王便向宗主國唐朝請求出兵，於是唐高宗派

出大將蘇定方帶領十三萬水陸軍隊去攻打百濟，而帶領新羅族軍的大將正是金庾信將軍，金庾信將軍出其不意的攻打百濟，在黃山上圍攻百濟的大將階伯和其五千兵馬，在多次激烈的戰鬥之後百濟戰敗，百濟王扶餘義慈和太子向北方公州逃亡，而百濟王的次子扶餘泰率領軍隊繼續固守在都城中，並且自立為王，但由於唐朝龐大的軍事勢力及金庾信所制定的一連串作戰計畫，逼得他們的處境越來越艱難，到最後還是只能獻城求和，公元660年金庾信帶領新羅和唐朝聯軍連手消滅了百濟，百濟國從此滅亡。

新羅在這場戰事中尋求了唐朝的幫助，百濟同樣也派遣了使臣向外求援，他們所依靠的國家是倭國，但由於倭國國內的政局也正處於不穩的狀態，在時間上較晚出兵援助百濟，因此還是錯過了能夠反擊的黃金時機，當時的倭國女皇齊明天皇看到百濟被滅之後，便打算擁護從小在倭國長大的百濟王子扶餘豐為百濟王，嘗試要重建百濟國，但在公元663年時，發生了白江口之戰，這也是中國和日本第一次的大規模戰役，倭軍在河口和唐軍發生激烈衝突，倭人的艦隊被唐朝的艦隊擊潰，造成全軍覆沒的景況，最終還是沒有復興百濟國。

到了公元668年金庾信將軍更帶領新羅族軍與唐朝連手消滅了高句麗，使原本分裂的朝鮮半島走向統一。百濟與高句麗的滅亡，對當時的倭國而言是十分重大的危機，因為這樣一來倭國便成為孤立無援的島國，他們所需的各項資源都無法再像以前一樣，從亞洲大陸經由半島輸到本國。而新羅在完成統一

立國後開始反唐，唐高宗以李勣為遼東道行軍大總管，薛仁貴為先鋒進攻，金庾信則率軍在平壤和唐軍決戰，最後雙方在鴨綠江僵持不下，這也成了一直到現在的中韓國界。

公元668年時，文武王金法敏封金庾信將軍為「太大角干」，這是一個新設置的極高階官位，在此之前並沒有人受封這個官位，因為新羅國原有官位系統中最高的官位是「大角干」，從給予金庾信官階如此高的官位來看，可見君王對他的重視以及對其功績的肯定，這對金庾信來說是一種極大的榮耀。公元673年7月1日，金庾信將軍逝世，享年79歲。全國都為此感到十分哀痛，文武王更賜予了一千匹帛及二千石租。而到了興德王年間，追封金庾信將軍為「純忠壯烈興武大王」。另外，在新羅時期，金庾信曾在江陵擊退異族對於國家的侵略，韓國人民為了紀念他，就在山上修建了山神閣，金庾信為山神閣中供奉的十二山神之一，只要到了每年農曆四月五日的韓國江陵端午祭，民眾就會以米酒來供奉山神，並舉辦其他像是盪鞦韆、演默劇等活動。

金庾信是位驍勇善戰、有勇有謀的將軍，為了新羅國在大小戰事中出生入死，在各種戰爭和平定內亂立了很多大功，他並不只憑藉著一身出色的武藝，更充分運用軍事及運籌帷幄的能力，幫助新羅統一了原本三國鼎立、分裂許久的朝鮮半島，除了讓新羅成功建國外，之後更將唐朝勢力逐出朝鮮半島，讓朝鮮半島本島不再有外族勢力的介入及掌控。一直到現在金庾信都是人們心目中的民族英雄，即使距今金庾信將軍已經逝世

一千三百多年了，他永遠都是韓國人民心中統一朝鮮半島的新
羅名將。

註：花郎道

朝鮮半島新羅時代一種訓練青少年的制度，也是新羅到高
麗王朝時代的軍事組織。花郎道生徒受教於圓光法師，在
進行武藝磨練的同時，透過團體生活學習傳統道德和禮儀
規範，培養文武雙全的護國勇士，其思想混合了儒釋道三
家，以核心理念之世俗五戒：「事君以忠、事親以孝、交
友以信、臨戰無退、殺生有擇」為座右銘。

崔瑩

崔瑩（1316~1388）是高麗末期愛國名將兼政治家。征戰沙場無數，忠心耿耿，一心只為高麗賣命。有此一說，高麗王國最後的忠臣有二，文臣為鄭夢周，而與其並列的武將即為崔瑩將軍。

1316年，高麗王朝末期，崔瑩出生於文臣世家，為高麗集賢殿太學士崔惟清的後代，父親崔元直為司憲府諫官，嚴謹的家訓養成了崔瑩正直、忠心的性格。與父執輩不同，崔瑩選擇了武將這條路，自幼即有武將資質，喜好閱讀兵書，15歲投入楊廣道都巡問使麾下，開始長達五十餘年的軍旅生涯。

此時的高麗沿岸時常面臨倭寇的侵擾，崔瑩率軍隊一同驅趕倭寇，不斷累積戰功。1352年，平定判三司事趙日新之亂有功，晉升為護軍，成為民族英雄，三十六歲的崔瑩正式躍上歷史舞台。

1354年，宗主國元帝國政權衰退，民亂四起；元帝國徵招高麗軍隊一同討伐高郵張士誠，崔瑩也在其中。前後歷經二十七戰，回國後，向恭愍王報告元帝國衰敗的現況，遂被派往收復元朝控制之雙城摠管府，鴨綠江以西八站。

　　雙城摠管府位於元帝國和高麗王朝邊界，原為高麗所有，在高麗蒙古戰爭之後，由蒙古控制並設立雙城摠管府。朝鮮太祖李成桂與其父親投降高麗，助高麗攻下此地；同年，李成桂出仕高麗，日後，崔瑩和李成桂將成為高麗末期重要的兩股勢力。

　　紅巾軍是當時反抗元帝國最主要的力量，元順帝在位期間賦稅繁重、天災四起，人民苦不堪言，促使農民百姓樹立紅旗、頭綁紅巾，焚香起義。

　　高麗王國和元帝國的宗主與附庸關係，以及曾加入元軍一同征討紅巾軍等種種原因，致使高麗王國也被視為敵人。1359年年末，四萬名紅巾軍渡過鴨綠江，展開第一次入侵高麗的行動。因不敵天候寒冷，進攻三個月後退回鴨綠江，陸路攻擊失敗後，也曾派遣海軍侵擾沿岸。

　　又於次年年末，派出將近二十萬大軍再次渡過鴨綠江，第二次入侵高麗。此次甚至佔領了王城，焚燒王室宮殿，恭愍王逃往安東避難。崔瑩、李成桂和眾武將被派往收復王城，紅巾軍最終撤離朝鮮半島。

　　紅巾軍入侵期間，倭寇也不時騷擾高麗沿海地帶，雙重打擊之下，造成經濟上嚴重的破壞，人口大量死亡。也因為戰爭不斷，使得崔瑩、李成桂等武將的勢力與權力更為擴大。

　　崔瑩對軍紀要求非常嚴謹，平時對待士兵如同兄弟，但只要上了戰場，便非常嚴厲，士兵們若怯戰後退，就會被處以極刑；正因將領如此嚴格，才能在征戰中多次取得勝利。對百姓

愛護有加，戰爭所帶來的破壞尚未平復之際，又發生飢荒，百姓苦不堪言，崔瑩遂廣設糧倉，發放糧食給災民，並且免費提供糧種，致力於提高農業產量。

身為附屬國，高麗王的登基與退位，皆由元帝國掌控，並非高麗能夠自行作主。元順帝因不滿恭愍王的反元政策，以及邊界所有權的衝突之下，1362年年末，宣布罷黜恭愍王，冊封此時在元大都的德興君為新的高麗王。

在等待遭紅巾軍摧毀的宮殿修復的期間，恭愍王暫以王城城南的興王寺作為行宮，處理政事。親元派金鏞等人為討好元順帝，趁機規劃行刺恭愍王，要為德興君的登基創造最有利的條件。崔瑩等人聞訊趕至興王寺，護恭愍王有功，崔瑩受封「盡忠奮佐命安社功臣」，晉升判密直司事。

策劃興王寺之亂的主謀金鏞與黨羽被當場殺死。一日，有人獻上金鏞所藏之寶物，大臣們無不好奇傳閱，把玩一番，惟有崔瑩不屑一顧，謹守「見金如石」的家訓，不受珍寶錢財所迷惑。

元帝國派軍隊護送德興君回高麗登基，直驅而入並攻佔了宣州。崔瑩授命調動軍隊，前往迎戰，最終使得元軍幾近殲滅，只剩十七人成功渡過鴨綠江，逃回元帝國。武力征討以失敗告終，元順帝只好妥協，頒詔恭愍王復位。

從十五歲進入軍隊開始，崔瑩在抵禦外患、保護高麗王之間，不斷累積戰功和名聲，並在政壇上嶄露頭角。直到1365年，恭愍王重用僧人辛旽，辛旽主張改革，與崔瑩等保守勢力

對立，使得崔瑩遭受誣陷，削爵流放。六年後，辛旽失勢被貶，崔瑩才得以復爵回城，並且立刻重啟重用。五十五歲的崔瑩回歸軍旅生涯，征討倭寇與鎮壓叛亂，繼續為高麗效命。

濟州島上有一耽羅王國，原臣服於高麗，在高麗蒙古戰爭之後，耽羅成為蒙古的直轄地，駐紮軍隊並設置牧場，而在此管理牧場之蒙古人，被稱作為「牧胡」。恭愍王的反元政策之一，即是驅逐元帝國在耽羅的勢力。1374年，牧胡起兵反抗，崔瑩前往鎮壓，徹底趕走殘留在濟州島上的蒙古軍，耽羅從此回歸高麗控制。

恭愍王遭男寵殺害以後，由年僅十歲的兒子王禑繼任王位，此時的崔瑩在政壇之中早已佔有一席之地，以正直的身教與言教輔佐禑王；崔瑩的庶女也進入後宮，成為禑王的寧妃崔氏。在這段期間，崔瑩曾經短暫退休，而回歸政壇的這個決定，也讓崔瑩走到了人生的終點。

1388年，中原新霸主明帝國宣布元帝國舊有領土都歸其所有，並將在雙城摠管府設立鐵嶺衛。此時雙城摠管府為高麗所控制，高麗禑王同執政大臣崔瑩商議，決定任命曹敏修、李成桂，征討遼東，進攻明帝國。

征討軍到達鴨綠江的威化島上，當時正值梅雨季節，行軍困難，李成桂以「四不可」請求回軍，但崔瑩以禑王命令為由，果斷拒絕回軍之要求。後李成桂發動兵諫，史稱「威化島回軍」。

授命帶兵征討遼東的這個決定，對李成桂來說，是個絕佳

的機會，使其得以推翻高麗，創建屬於自己的王朝。而對禑王和崔瑩來說，或許是錯誤的決定，君臣二人皆為此付出了生死的代價。

　　崔瑩帶領的禁衛軍最終無力回天，不敵李成桂帶領的軍隊，守護高麗王朝的最後一道防線被叛軍攻破之際，幾乎等同高麗王朝的結束。李成桂掌握實權，禑王被罷黜，流放江華島；崔瑩遭流放，後又被押回王城處死，時年七十三歲。據說，臨刑之前，崔瑩仍面不改色，毫不畏懼，充滿武將風範。高麗百姓皆悲傷不已，並且停止買賣表示哀悼。崔瑩諡號武愍，與夫人文化柳氏一同合葬於京畿道高陽市。

　　由李成桂代表的新興勢力，與代表舊貴族勢力的崔瑩，兩股勢力的對抗，最終由新興勢力贏得勝利，這股勢力成為了下一個朝代，朝鮮王國的開端。隨著愛國忠臣崔瑩的殞落，高麗王朝也逐漸淡出了歷史的舞台，開啟了李氏朝鮮的時代。

篇三 思想大師

鄭夢周

　　鄭夢周是高麗王朝末期著名的忠臣，以「堅毅忠貞、不事二主」著名，同時也為成功的政治家、外交家、教育家、詩人、文學家。在成均館中受到相當程度的尊重，也經常被譽為朝鮮「性理學」之祖。他終其一生為高麗王朝賣命，不論是作為朝臣上書朝廷、向君主諫言；或是作為儒者在學堂授講、輔佐丞相；或是作為一線戰將背水一戰、出使他國等身分，皆盡心盡力，且貫徹自身之道義倫理。最終因不願背棄高麗王朝臣服李氏朝鮮，而招來殺身之禍，捨身換來的忠義隨著李氏王朝的流傳而芳名遠播。

　　鄭夢周生於1337年（忠肅王復位六年），亡於1392年（恭讓王四年），字達可，號圃隱，諡號文忠，慶尚北道永川人，著有詩集《圃隱集》。初名為夢蘭，因母親李氏夢見自己抱著蘭盆，不小心將其掉落在地上，驚醒後便產下他；九歲時李氏又晝夢黑龍升於園中梨樹，從夢中醒來後出去察看發現是夢蘭，因而將其名改為夢龍；20歲及冠成年後才將名字改為夢周。出身於武官家庭，鄭夢周卻自小在學術上嶄露天份，24歲時在科舉考試中連中三元，受到當時最有名的學者李穡賞識，

投入其門下學習。1362年，鄭夢周第一次踏入官場，任「藝文檢閱」，官職為正九品。1367年，成為成均館博士，主要任務是傳授儒學典籍。1375年，升為大司成，從此開始大力振興儒學。

　　要瞭解鄭夢周之所以會被譽為是東方理學之祖，就要談到他身處的時代背景。高麗王朝末期國家以佛教為中心，但代代相傳後漸漸腐敗，政治經濟混亂不堪，綱紀紊亂，僧侶們透過各種名義向虔誠的百姓斂財營利。因此，欲除去在儒學中的佛教思想，在十四世紀末的時候，包含鄭夢周在內的幾位學者大力地在國內推行朱子學派的儒學，想要一改當時沉淪頹靡的社會風氣。鄭夢周更是以身作則，在父親去世後，拒絕採用佛教，也就是原有的喪制，而是在墳墓之側建立家廟，按照《朱子家禮》實行喪葬之禮，為父親守喪三年；其母親去世後亦如此。「時俗，喪祭專尚桑門法，夢周始令士庶仿朱子家禮，立家廟，奉先祀。」

　　不僅如此，他還上書朝廷，請求在全國內推行《朱子家禮》，其他學人響應。除此之外，他在講學中繼承了《朱子集注》中的思想，但當時傳入高麗的典籍就只有一部《朱子集注》，他卻能夠通順的完整講述內容，並且融會貫通，統整成自己的一套理論講義。後人曾把之後傳入朝鮮王朝的儒家典注與鄭夢周的講義進行比較，結果發現內容相當近似，沒有一處有出入。因此他被譽為韓國理學之祖。

　　在外交方面，為了守護國家的地位，他曾出使明朝六次、

日本一次。1374年，在政治路線上親明朝的君王恭愍王，被權臣李仁任所指使的宦官和內侍崔萬生等弒殺，李仁任力排眾議，立年幼的恭愍王之子辛禑為王，得到獨攬朝政的權力，恰巧又發生了明朝使臣被親元派暗殺的事件，為了避免明朝興師問罪，李仁任決定投靠北元，使高麗與明朝的關係惡化。當時鄭夢周反對向北元親近的政策，被逐出京城，出使日本。

這時期，他以出眾的才識力抗日本眾臣，說明了兩國外交上的利害關係，必須聯手打擊造成嚴重問題的海盜，成功地帶回數百名戰俘。後明朝之新興勢力日漸茁壯，親元政策失敗，李仁任不得不開始召回先前逐出的反對派，並派遣使臣前往明朝，請求賜予先王諡號和承認現任禑王的繼承，但明朝因為高麗暗殺明使事件，加上高麗不履行歲貢之約而不答應。

1383年，明朝大軍攻入高麗邊境，鄭夢周臨危受命被派遣前往中國南京朝見明太祖朱元璋，慷慨陳詞：「君父之命，水火尚不避，況朝天乎！」他在十分緊迫的時間裡，如期到達京城，送上了賀聖表，並準確地針對恭愍王被殺，權臣掌權事件原委進行了說明，緩解了兩國矛盾。1385年明朝才重新派遣使節出使高麗，冊封禑王，並封先王為恭愍之諡號。兩年後，鄭又一次出使明朝，這次出使除獲得明朝允許減免歲貢外，更奏准在高麗推行明朝的冠服制度。

而後，明朝欲收回遼東邊境，要求設立鐵嶺衛，禑王擔心明朝欲佔領其國土，決定向明太祖表達抗議，接著國內便出現了以發動戰爭為主的崔瑩派，和主張政權交替取得明朝信任的

李成桂派。1388年，禑王派李成桂前往遼東邊境，但李成桂認為戰況和環境都不利高麗，便決定在威化島回軍，趁機發動兵變，廢禑王後立王瑤為恭讓王。鄭夢周此時出任守門下侍郎，輔佐宰相李穡，史載其「不動聲色，張設咸當，時稱王佐之才」。

　　不久，恭讓王擔憂李成桂勢力日漸漲大，便開始與鄭夢周密謀反李成桂。1392年，李成桂狩獵墜馬的消息傳出，朝野不滿李成桂的大小勢力紛紛聞風而動，鄭夢周便發表了彈劾鄭道傳和趙浚等李成桂一黨的上疏文，主張讓他們還鄉歸養，希望能維護高麗王朝的延續。李成桂的黨羽趙浚、鄭道傳、南誾、尹紹宗、南在、趙璞等人先後被恭讓王放逐，龐大勢力彷彿將在瞬間土崩瓦解。為了探明虛實，鄭夢周孤身一人前往李成桂的府第，然而鄭夢周並沒有看到病入膏肓的李成桂，反而受到李成桂一如既往地款待。

　　傳說當時李成桂第五子李芳遠，邀請鄭夢周輔佐李氏家族建立新王朝，為此寫下《何如歌》：「如此亦如何，如彼亦如何。城隍堂後垣，頹落亦何如。吾輩若此為，不死亦何如。」但是鄭夢周以《丹心歌》告白他對於國家的忠心，表示自己即使捨去生命，也不會讓忠節遭受玷污：「此身死了死了，一百番更死了。白骨為塵土，魂魄有也無。向主一片丹心，寧有改理也歟。」李芳遠說服鄭夢周失敗後，認為他未來會是李氏一族掌權路上最大的阻礙，便派人暗殺鄭夢周於開城的善竹橋。李成桂得知後大怒，斥責李芳遠的目光狹隘，因為鄭夢周受到

眾多儒家學者的愛戴，擔心輿論會造成自己不利，只好捏造鄭夢周結黨營私，向恭讓王匯報其圖謀不軌。

1400年，朝鮮王朝李芳遠繼位後，見政局穩定，便重新開始追封、賞賜前朝的忠臣，希望作為當朝世人的榜樣。因鄭夢周忠義，便將其重新追封為「大匡輔國崇祿大夫領議政府事、修文殿大提學兼藝文春秋館事、益陽府院君」，賜予諡號文忠，並入祀孔廟。鄭夢周在死後9年便洗清莫須有的罪名，重新被世人追憶、尊重。

除了在外交、理學上的成就外，鄭夢周也善詩文和書畫，除了表達了對高麗王朝忠節之志的《丹心歌》，更自喻為漢詩《采薇歌》中的伯夷、叔齊，同樣是表示對於高麗王朝的忠貞不渝。此外，還寫有《憂國詩》、《春興》等漢詩，因而朝鮮王朝的文人對鄭夢周的學問和詩歌都極為推崇。在輔佐王相方面，鄭夢周曾改變地方守令的選用方法，選用輿論有好評者，嚴格升降制度；另外，建議朝廷整頓國庫，設專職並建立出納帳簿；還在國內設立義倉及水站，救濟貧民、便利漕運；最重要的是，為了大力發展國學教育，曾在開城等地設立多間學堂和鄉校，全力振興儒學，為整頓社會倫理道德做出了努力；並參照《大明律》，擬訂《新律》。

慶尚北道永川市的臨皋書院，為鄭夢周之鄉親為了紀念他在國家危難時仍堅守忠貞而蒙難，於1553年建立的書院。書院裡珍藏著鄭夢周所著之《圃隱文集》、《芝峰實記》、《性理軍書》等200多卷重要著作，這些典籍與圃隱鄭夢周影幀分別

被指定為寶物第1109號及1110號。永川市也因為是鄭夢周的故
鄉，所以被稱是「忠孝之鄉」。

李滉

　　李滉（1501~1570）號退溪，是韓國最傑出的儒學家之一，也是朝鮮王朝時期提倡唯心主義的哲學家，除此之外，他也是朝鮮朱子學的主要代表人物。李滉對於朱熹的客觀唯心主義十分推崇，而他在文學領域也具有舉足輕重的地位。

　　李滉是個清廉節儉的官員，同時也是一位卓越的學者，對於「性理學」思想的發展有很大的貢獻。他的事蹟在經過450多年後的今日，仍被廣為借鑑。

　　李滉最為人稱道的就是淵博的學識。繼中國朱熹之後，李滉可謂東方學識成就最不凡的學者。他不僅專注於學問的研究，更身體力行的將其付諸實踐，也因此受到世人的景仰。

　　李滉年輕時就開始學習「儒學」，藉由科舉開啟了他的仕途，並為此付出大量心力。據歷史記載，在李滉的一生中一共擔任過140多個官職。但他對官場生活並不眷戀，曾79次辭退官職，而成為後人廣為流傳的佳話。47歲的時候，李滉選擇返回家鄉－安東。

　　因為他的家鄉有一條小溪，這條小溪也一直存在於他的童年記憶中，小小的溪水與小小的李滉，同樣孤獨的他們相依相

伴，而這條小溪有個好聽的名字，就叫退溪，所以李滉就以退溪做為自己的號。

不僅如此，李滉終期一生，成為了偉大的哲學家，撰寫了許多聞名的著作，其中最著名的便是《退溪集》，也因此在後世之人心中。李退溪的學術地位逐漸提高，退溪之名也逐漸為世人所知，最終李退溪幾乎就代表了李滉。

李滉在21歲時結婚後生了兩個兒子。然而好景不常，婚後六年他的第二個兒子出生不久，他的妻子便突然離世。於30歲那一年他再婚。卻在他46歲那年，他的妻子和他的第二個兒子卻相繼逝世。

1523年，22歲的李滉，來到了漢陽，成功成為生員進入最高學府「成均館」就讀，從此開始學習更加精深的知識。1527年他藉由科舉踏入仕途。但是在他33歲之時，他再次進入成均館學習。通過科舉考試獲得最高榮譽，並於擔任地方官員時繼續學術追求。

李滉曾經被任命為丹陽郡守。雖然在他的一生中曾任過裡曹判書的官職，也就是類似於中國古代禮部尚書的職位，但他更致力於對學術的追求，尤其是儒家哲學的研究，更是他積極專研的學問。

李滉最有名的作品也是他的最後一個著作《聖學十圖》，被視為完整表現儒學思想的作品，也可說是晚年他對學術的定論。李滉對此作品十分重視，研究重點多置於聖學內涵的探討。李滉使用他在教學上和個人生活中的經驗，精心安排其內

容。前五章介紹了宇宙（形而上學）、社會（道德）以及對人類生活、學習的觀點。其餘五章直接涉及自我修養，心靈學習。

李滉希望通過認真的觀察事物和生活區尋找人生的真諦。他以此為根據，進一步發展理學。李滉哲學是以「和諧」為核心。他覺得如果人與人、人與自然都可以互相尊重，那麼這個世界將會變得更加美好，生態危機、社會矛盾和國家紛爭也都可一一消除。在哲學上，他認為「理」是世界的本源和主宰。如果沒有「理」，便沒有天地和人類萬物，一切都不存在。

1549年，李滉回歸故鄉安東。在隨侍四位朝鮮時代的君主後，他帶著幾本書就返回家鄉，他的餘生都住在一個小房間裡。即使李滉是一位偉大的學者，獲得了60次晉升，他真正想做的卻是辭官返鄉。

李滉不是為了財富或榮譽而致力於學習，他只是為了成為更好的人。嚴以律己的他一直被梅花的氣節深深吸引。既乾淨又純潔的梅花是李滉心目中的理想形象。

在韓國哲學或儒家哲學中，完美的理想階段是與自然融為一體。李滉總是親近大自然，以洗滌他的身體和心靈。最有名的例子則是梅花。據說，當李滉看著梅花的時候，感覺自己與大自然並無你我之分。李滉非常喜歡梅花。他的詩篇裡，其中107首詩與梅花相關。在他的哲學中，自然是不可缺少的主題之一，且他最喜歡的就是梅花。

李滉一生中的夢想是在一個純樸之地建立一所學校，用他

的生命、時間來授業。所以在他回到家鄉的第十二年，他花費四年的歲月，建立了陶山書院，這是一所新的教育機構，而非當時隸屬於政府單位的儒家學院，他傾力建造書院並培養出眾多弟子。

對李滉來說，陶山書院是他一直夢寐以求的理想儒家社會。他認為闡揚儒家思想是他終身之職，以此結束十六世紀教育制度的混亂和腐敗。他渴望能夠通過教育來提高人們的品格。他相信，他的學生將成將成為宣揚世界真理的基礎。為了此事，他也做了不少努力。李退溪先生親自教導的弟子當中，有不少後來成為了國家的棟樑之臣。

成就了無數的學業後，李滉在70歲的時候離開了人世，只留下他的書和簡單的家具用品在小房子裡。李滉離世之前，還特別囑咐他的學生，一定要幫梅花澆水。直到他的最後一刻，他還是展示了對梅花的眷戀。他的生命就如同無瑕疵的梅花般潔白。

李滉這一生中，致力於學習並要求他的學生達到自我的完美，遠離榮華富貴和功名利祿，他也是因此被認為是一位優秀的學者。李滉不僅是一名很偉大的學者也是個有思想的人。即使到今日，他未受到世俗侵擾的精神也繼續閃耀著不滅的光芒。

李滉的哲學思想在朝鮮哲學史中具有舉足輕重的影響。為了紀念李退溪這位思想家，韓國政府將其頭像印於1000韓元的紙幣上。不僅如此，首爾市的街道甚至以「退溪」為名作為紀

念。而跆拳道的退溪套路也是以李滉的號命名的。

　　韓國也有許多研究機構和大學的系所以「退溪」命名，例如：首爾的退溪學研究院、慶北大學的退溪研究院、檀國大學的退溪研究院和圖書館。

　　李退溪發展並傳播性理學。他不但作為朝鮮的儒學家，在日本、德國、英國等地也廣為人知，可被視為世界的儒學家。然而在韓國歷史中他卻沒有留下太多的痕跡，主要是因為在日本殖民時期，日本政府肆意詆毀並扭曲韓國的歷史，刻意貶低性理學、朱子學以及儒家學等學問。然而，如今的日本、德國等地對於退溪學研究卻十分蓬勃。

　　我們應該以李退溪為楷模，作為教育和教導並實踐在現代我們的生活當中。

李珥

　　台灣人對於韓國的印象往往被劃分成兩極的「哈韓」與「仇韓」兩派，其中仇韓者更是會指控韓國人持有「端午節是韓國的」或「孔子是韓國人」等韓國起源論的觀點。認真考究的話，會發現這些論點源自於意圖煽動群眾的假新聞，而且全都是中國鄉民所製造的。不過扭曲的資訊中多少還是存在著一點事實：韓國的確曾自稱為「小中華」，而現今韓國社會雖然不會自稱為中華文化的源頭，但儒學確實是對韓國社會影響深遠，而且根深蒂固。儒學早在中國漢武帝時期就落根在朝鮮半島，不過要到朝鮮王朝（1392年－1910年）儒學才開始興盛且成為主流。在十六世紀，儒學思想中的宋明理學發展在朝鮮半島達到巔峰，被譽為朝鮮思想界雙璧之一的哲學家李珥（1536年–1584年）也就是活躍於這個時期。

　　李珥字的號為栗谷，因此被稱作李栗谷或栗谷先生。他生於江原道江陵北坪村，雙親皆為兩班貴族階級，尤其李珥的母親申師任堂（1504年–1551年）為著名書畫家，更被後人捧為賢妻良母的典範。對現代韓國社會來說，李珥和申師任堂算是熟面孔，他們的肖像分別印在五千韓元和五萬韓元鈔票的正

面。除了申師任堂是韓幣上唯一的女性之外，母子皆被放上鈔票也是各國貨幣中絕無僅有。

　　李珥能達到千載名揚的儒學造詣，他的母親申師任堂肩負啟蒙導師的身分。申師任堂本名為申仁善，師任堂為自取的堂號，其「師」有學習之意，而「任」源自於古代中國的周文王的母親太任，代表申師任堂自立成為如太任般賢慧的志向。和一般16世紀的韓國女性不同，申師任堂在父親的支持之下，有機會飽讀四書五經及學習作詩、繪畫、書法等。申師任堂嫁給李元秀（1501年–1561年），兩人共育有七子，李珥為第三子。提及李珥的成長背景，一定會提及他的母親申師任堂，父親李元秀倒是被冷落在一旁。其實李元秀的父親早逝，他由母親拉拔長大。李元秀小時候沒有機會讀四書五經，不過他本身也對讀書和科舉興趣缺缺。除此之外，李元秀雖為人善良，卻好面子且缺乏理財觀念。若申師任堂有能幹賢慧的母親形象，那李元秀便是遊手好閒的父親，和他兒子李珥相比猶如犬父生虎子。

　　先前提到五千韓元印有李珥的肖像，他的旁邊可看見一棟名為烏竹軒的韓屋古蹟，這是李珥與他的母親申師任堂的故居。烏竹軒因四周長滿深色竹子而得其名，如今是江陵地區的著名景點之一。在烏竹軒有一處為夢龍室，是李珥出生的地方。據說申師任堂在生下李珥之前，夢見一隻龍出現在房間內。東方思想中龍為吉利與權力的象徵，做龍胎夢代表會生男生且他會成為有地位與名望的人物。因此李珥的幼名為見龍，

這個龍胎夢多少也預言了他未來的成就。

　　李珥自幼聰穎，三歲時就識漢字，七歲時就會用漢文作詩，同時也讀過四書五經，更年僅十三歲就在科舉考中進士初試。他之後會在科舉的九次考試都名列第一，而獲得「九度狀元公」之稱。韓國的科舉制度在朝鮮王朝分成三大類：文科舉、武科以及雜科，然朝鮮王朝重文輕武，文科舉最被推崇。科舉考試被視為翻身的機會，實際上文科舉只有兩班貴族才能考。另外，考過的人不但能成為兩班階級且享有其特權，獲得的地位與特權還能傳三代，所以科舉成為兩班階級鞏固自己身分地位的手段。其實李珥對於科舉考試抱持著複雜的心情。因父親李元秀不上進又不會管錢，導致李珥出生於貧困的家庭。李珥需透過科舉以謀生且提高自己與家人的身分地位，但同時也憂心若迎合世俗的考試升遷，是否就得捨棄追求高尚純粹的學問理論。

　　對於做學問與現實中的落差所產生的矛盾心情，在李珥十六歲後出現了轉變：他的母親申師任堂逝世，李珥在守喪三年之後，選擇離家出走到金剛山學習佛法。韓亨祚撰寫的〈少年栗谷和老僧的對話：佛教和朱子學的哲學碰撞〉一文，探討李珥當時遭受母親之死的打擊至隱遁於金剛山這過程中心情與思想上的轉變，促使李珥發現佛學有所不及，進而選擇回歸儒學。

　　據文中描述，李珥當時十六歲，不論是學問或科舉都未取得任何顯著成就。歷經約三年的徬徨期與一年深入金剛山的沉

澱，李珥體悟到儒學能涵蓋，甚至超越佛法的理念與目標。於是李珥在十九歲決定棄佛再次從儒，下山回到江陵。李珥體悟到自己的人生目標應是成聖，而首要之務為「立志」。他二十歲時寫下〈自警文〉，開頭就是：「先須大其志，以聖人為準則。一毫不及聖人，則吾事未了。」李珥接著在二十二歲娶了妻子，二十三歲時拜訪了和他同為朝鮮思想界雙璧的哲學家李滉（退溪，1501-1570），李滉當時對於李珥感到後生可畏。李滉比李珥大整整三十五歲，不過雙方互相尊敬。李珥也師承李滉的儒學思想，雖然日後他另闢與他的老師李滉不一樣的學術道路。

李珥在二十九歲前就考過生員、進士科和明經科，他在二十三歲時撰寫的〈天道策〉，不但顯現李珥對於歷史、儒學與道教的深刻了解，更使他高分及第。在順利考完科舉考試之後，便開始為官從政。但李珥從小就身體不好，多次因而辭官。他斷斷續續擔任了戶曹佐郎、吏曹佐郎、戶曹判書、大提學等官職，其中在三十七歲辭官後，李珥住在父親李元秀的本家坡州栗谷。如今這個地方為栗谷先生遺址，李珥的名號亦源於此。李珥一直致力於研究宋明理學與推廣教育，並分別於四十歲與四十六歲時，完成了兩部代表作《聖學輯要》與《擊蒙要訣》。前者可說是李珥的哲學思想的精華，為講解如何透過儒學原則修己治人，而後者是系統化地介紹以十種品德來學習學問知識與待人處世。兩部作品皆成為韓國儒學教育的必讀教材。

　　李珥的儒學思想屬於宋明理學中的性理學一派，其為融合佛、道、儒三者的思想，將儒學提高到更為理性思辨的層次。性理學其中探討的議題為「理」與「氣」為萬物與人心之本的概念，李滉依循朱子思想，提倡的主理論學派，即以為「理」主宰了「氣」。李珥則創立了主氣論學派，為提倡理氣兼發論，主張「氣發理乘一途」。李滉與李珥對於「理」與「氣」的不同看法，成了將會辯論近一百年的四端七情理氣之爭論。兩人接繼承了朱子思想，並深入研究與延伸朱熹的思維，讓儒學有更多的討論空間。

　　另李滉主張「敬」，強調「躬行」，而李珥的主張「誠」，尤其受到〈中庸〉影響，認為「誠者，物之終始，不誠無物」，而且學問與修身皆須順從〈中庸〉的「誠之」。如蔡茂松的《韓國近世思想文化史》中所提及，李珥的核心思想為「誠」，亦強調「經驗」與「實踐」，即以「誠」為出發點，並以此求學問、求務實。所以李珥算是奠下將於十七世紀晚期興起的朝鮮實學的基礎。和往往被批為「空談」的性理學相比，朝鮮實學著重「經世致用」，進而提倡社會改革。

　　承上述，李珥力求學以致用，致力於救國濟民。他從政時提出許多超越他所處的年代的進步改革。他生於國內外皆有諸多紛擾的朝鮮王朝中期，國內有黨派紛爭，國外則是有日本海盜的干擾跟北方女真族的入侵。李珥當時有提出將稅收從布、米等實物改成以貨幣徵收的租稅改革，也提出管理與平衡朝廷裡不同政治派系的改革方案，以讓每個黨派都有代表能被朝廷

任用。不過雖有先見之明，兩項提議沒能在他在世時成功地推行。李珥在他去世的前兩年曾提出「十萬養兵」政策，同樣沒被朝廷採納。在1592年爆發壬辰倭亂，豐臣秀吉率兵大舉進軍朝鮮半島，印證了李珥對於國防的擔憂與遠見。李珥最終得年48歲，可謂英才早逝。

　　李珥是一位出色的哲學家、教育家與政治家，不論學術或政治上的成就，皆受到後人推崇。他的思想被後人廣為繼承和研究，另李珥在韓國的五千元鈔票上，首爾有一條名為栗谷路的街道，而韓國海軍也有一艘世宗大王級驅逐艦取名栗谷李珥號。除了有形之物，李珥更是以無形的樣貌存在於韓國社會。李珥出生於宋明理學蓬勃發展的朝鮮王朝時期，朝鮮半島經過五百年的統治，完全蛻變成儒學國家，如今宋明理學思想已徹底融入韓國的價值觀跟生活方式。李珥是一位受惠於其「韓國孟母」申師任堂的教導的孩子，是一位稱霸科舉考試的學生，也是一位順從君主、為民盡瘁的官員。觀看李珥的生平，在當代可說是韓國儒學的模範，而在現今的韓國社會中，或許依然可視為韓國人對於儒學的理想與憧憬。

丁若鏞

　　西元八世紀之時，中國有著詩聖之稱的現實主義詩人杜甫，因為抒發憂國憂民的情懷而在中國文學史上留下了許多巨作，而在一千年後的朝鮮，則出現了同樣以現實主義著名的思想家——丁若鏞。

　　丁若鏞（1762-1836），字美鏞，號茶山、與猶堂，經常被稱為丁茶山，諡號文度公，出生於京畿道廣州府（現今京畿道南楊州市）的兩班貴族家庭，由於家族的因素，丁若鏞從小便跟隨父親學習儒家經典，在二十多歲時即考取進士，並展開長達三十多年的仕途生涯，他先後在朝鮮文藝館、司憲府、司諫院、弘文館等政府機關擔任了不同職務，並在1789年與1792年分別設計了漢江浮橋與水原華城，在科學技術與制度改革的方面有不少建樹。丁若鏞一生中著述繁多，留有1195篇著述和2263首漢詩，內容涉及經學、政經、史地、法制、醫藥等多種領域，而從丁若鏞所留下的漢詩創作中，可以看出在他三十多年間的官旅生活中，對於百姓的民生疾苦狀況尤其關心，經常嚴懲朝中魚肉鄉民的貪官汙吏，然而正直清廉的作為卻也導致權貴對他的反感，因此在辛酉邪獄以後數次遭到貶謫，直至五

十六歲時才結束十八年的流放生活，此後退居鄉里，餘生專注治學，於七十四歲時去世。

若是想了解丁若鏞的生平與中心思想，首先必須對於朝鮮實學有所認識。西元十六世紀末時，由於壬辰倭亂與丙子胡亂的發生造成了朝鮮國力的衰退，有志之士因此對於當時盛行於朝鮮社會的程朱理學提出反省，並開始強調儒家思想中經世致用、利用厚生與實事求是的精神，希望將此精神納為實際，以解決朝鮮社會中的種種問題，於是在西元十七到十九世紀時，以經世濟民為取向的朝鮮實學，便開始成為朝鮮社會的主要思想流派。朝鮮實學經過了兩個世紀的發展，到了十九世紀的時候已漸達成熟，而丁若鏞便是當中的集大成者，他的學說也被稱為茶山實學。茶山實學的內涵構成可分為三個來源，首先是以星湖學派為主的傳統經世學派，其次是以洪大容、朴趾源、朴齊家為主的朝鮮北學派，最後則是囊括了天主教與西方科技的西學，丁若鏞的茶山實學吸收了以上三者的內容，為當時風雨飄搖的朝鮮社會注入了近代思想的啟蒙意識。

經世致用、利用厚生與實事求是的朝鮮實學核心價值，結合了西方的科學精神，使得丁若鏞的茶山實學思想具有濃厚的唯物主義色彩，而茶山實學中最主要的思想內容可分為修己之學與治人之學兩個部分。修己之學是茶山實學對於儒家中心思想中「仁」的展現，丁若鏞認為以心為仁是不可行的，仁德必須在實踐的過程中才得以成就，而有利於國家與百姓的行動都是仁德的實現。丁若鏞出生於朝鮮王朝的英正盛世之時，然

而英正時期所留下的改革成果，在正祖駕崩後未能持續發展，社會亂象在勢道政治中逐漸浮現，因此丁若鏞希望能夠藉由實學思想的實踐來重建一個健全運作的朝鮮社會，他在《經世遺表》、《牧民心書》等著述中，提出適合朝鮮社會的改革方法與他心中理想社會的建構，此種拯救民生的實際作為即為茶山實學中的治人之學。

　　丁若鏞是朝鮮實學派的重要思想家，也是朝鮮具有代表性的現實主義詩人。許多人會認為丁若鏞的詩，與中國唐朝的杜甫風格相近，兩者同樣以鏗鏘有力的文字來抒發對於社會問題的感慨與關懷，事實上，丁若鏞從小便受到杜甫詩作的影響，在創作的過程中，更效仿杜甫所做的《三吏三別》寫下了《波池吏》、《龍山吏》、《海南吏》，詩中對於朝鮮人民艱苦的生活表示同情，也對腐敗的朝鮮汙吏進行了批判。然而核心思想的不同仍使兩者的詩風有所差異，丁若鏞秉持著實學經世致用的精神，從詩中能夠看出他想表達的並非只是悲天憫人的情懷，更重要的是對於政治制度與社會問題的反省，比起杜詩中所蘊含的沉鬱頓挫，丁若鏞的詩更具有憂患意識與批判性。在丁若鏞的長詩《夏日對酒》中，可以看見他對於當時社會中貧富差距的問題進行批評：

　　　　債貸須兩願，強之斯不便。

　　　　率土皆掉頭，一夫無流涎。

　　　　春蠱受一斗，秋糶二斗全。

況以錢代蠱，豈非賣繫錢。

贏餘肥奸猾，一宦千頃田。

土地制度、稅收制度，再加上嚴重不合理的借貸政策，社會制度中更存在著腐敗的兩班貴族階層，許多有志之士因為身分制度的關係，才能不得發揮，進而導致朝鮮整體國力的持續衰退，丁若鏞的詩中經常對於這些社會問題有所著墨，透露出對於國家發展的憂心。

丁若鏞的詩作中除了展現對於民生疾苦與社會弊端的擔憂以外，也經常表現出身為朝鮮知識份子的自負與愛國心，在詩作《老人一快事六首效山香體》中有一段相當著名的文句：

我是朝鮮人，甘作朝鮮詩。

丁若鏞提出了作朝鮮詩的宣言，呼籲朝鮮文人應該積極展現民族性，同時也反對眾人盲目崇尚中國文化的作為，認為必須發展出屬於朝鮮文人獨有的風格。結合丁若鏞在實學思想方面的成就，以及他對於朝鮮民族與社會改革的努力，可以認為在朝鮮哲學史的發展歷程中，朝鮮實學最重要的意義在於喚醒了當時朝鮮人民的民族與民本意識，並將朝鮮社會推向了近代化的進程，而其中丁若鏞所扮演的，便是穩固朝鮮實學思想根基，並啟蒙後世的重要角色。

現今韓國京畿道南楊州市為了紀念實學大家丁若鏞對朝

鮮社會的貢獻，從1986年開始，每年九月中都會在茶山遺址與茶山生態公園舉行茶山文化節，藉由書法大賽與文藝大會的進行，讓前往參訪的遊客能夠更加了解丁若鏞的生平與精神，節慶中也會提供朝鮮時代生活與朝鮮古禮的體驗活動，讓參與者能夠與傳統文化有更直接的接觸。南楊州市距離首爾市區只要大約一個小時的車程，在微涼的初秋假期中，若是能夠親自造訪當地，並參與一年一度的茶山文化節，相信也是一個探索韓國文化的絕佳機會。

鄭寅普

　　鄭寅普是一個很有才華的人，是學者、愛國者、新聞記者，致力於研究朝鮮的歷史，改革當時的儒學（朱子學）以創造韓國現代的「新儒學」（以實學稱之），在日本統治時期那樣的艱困情況下，他仍然努力讓韓國的歷史能夠存留下來，他以堅持和誠信廉正的名聲，在韓國解放後，在政治上佔有重要地位。

　　1893年5月6日（農曆）出生在首爾明洞，字經業，號蒼園或為堂，他的祖先家世顯赫，其中他的祖父鄭元容在李氏朝鮮哲宗在位時，是一個朝廷重要的臣相。鄭寅普從小就很喜歡閱讀和寫作，他在十三歲時就能寫出很棒的韓國詩句，令當地居民驚嘆不已。

　　在1910年日本佔領韓國時，鄭寅普到中國去讀書，在中國留學的這段時間，他在上海成立了「同濟社」，為了教育韓國人以及鼓舞民族主義，希望能藉著城市的解放激起民族主義。1913年二月到九月，訪問了幾位在中國留學的愛國志士，與他們討論救國問題，像是申采浩、申圭植、李光洙、金澤榮等學者，他們也同樣是同濟社的成員。「同濟社」之後加入了

中國國民黨，形成韓國人與中國人的夥伴關係，改為「新同濟社」，這段期間，他與申采浩和其他人設立了一個博達學院（Paktal Academy），來教育一些留學在中國的韓國人，在日本佔領韓國期間，他不斷的紀錄而且出版很多文章和書籍，並且在韓國的歷史上留了下來。

1918年朝鮮三一獨立運動前，他回到了朝鮮，他持續做為一個民族主義的支持者，幾年之後，1923年，鄭寅普31歲時當上了韓國與東亞歷史系的教授，在延世大學教課，在梨花大學也有教授的職位。

鄭寅普在《東亞日報》社論委員會中占有重要的地位，一九三一年在《東亞日報》發表一系列文章，名為《五千年間的朝鮮魂》，這些文章後來也出版編輯成書。鄭寅普1931年刊行《朝鮮古書題解》十八篇，探求朝鮮學以對抗日本刊物〈朝鮮古蹟圖譜〉，是日帝時期由學者高橋亨所寫的，歪曲了朝鮮儒學而主倡日本皇道儒學，朝鮮時代很多的虛假弊害，到了後期許多民眾也產生了想要打破舊習，改革虛飾的想法。

而主要促使他去研究朝鮮學的兩個原因，一個來自父親的勸說，另一個是日本帝國的歪曲，鄭寅普也認為如果不改變這樣的情況，國家將滅亡，因此發明實學，他認為的「近世朝鮮學」可以區分為近世之前的學問皆從朱子的性理學出發作為理論的基礎，而近世之後以實心為基礎，重視現實，以探究朝鮮歷史、語言、地理和文化等，從中華學轉變為朝鮮學，稱之為「實心實學」，是為了批判虛假的朝鮮朱子學而產生的，從年

少時讀的東西哲學書，即《四書》及西洋哲學書，學習其中方法，運用在批判朱子學上面，「實學」的名稱他是繼承「霞谷學派」（舊名「江華學派」）的實心實學，再創造出現代實學而來的，他定義的實學不是以實利為中心的實用實學，而是以良知為中心的實心實學。

鄭寅普認為，所謂「實心」，又稱之為「本心」，是重要的，他嘗試區分本心與自私念，以本心作主，則可以感通彼此而無間隔，讓萬物成為一體；相反的，如果由私念作主，則區別彼此有間隔，不能合一。鄭寅普強調，以實心正視現實，進而以本心互相感通朝鮮人之苦痛。當朝鮮被日本帝國佔領，雖然有外在因素，但更重要的理由是因為喪失「實心」，因而積起學術弊病，因此，以「實心」作為確定學問標準的根據。

鄭寅普在學術上有一個重要特點就是：「用本心感通來解釋陽明心學思想」，他透過著作《陽明學演論》來解釋陽明學的精神，他曾說過一句話：「吾人現在演論陽明學說，並非以陽明學說為標準呼籲吾等民眾，而是以吾人本心照破此學說，而使自身證得其然不然。」由此段話可以得知，鄭寅普不是用陽明學本身的標準來解釋，而是以自己的內在良知作解說。過去朝鮮學者，皆以朱子學為典範，鄭寅普認為朱子學以定理為標準，定理是以外在化的對象為標準，容易變成只重視名分的理念，以定理為標準而分割你我，是產生黨爭的可能原因，而陽明學強調本心，認為是非判斷的標準在於良知，陽明學用不可對象化的本心作為是非判斷的原則，是實心、實行的

哲學。

　　他描述韓國的歷史與日本人的相抵觸，因此一直受到日本政府刁難。他持續進行反日本的寫作和反日活動，讓他受到日本政府的拘捕，於是他搬到全羅道的益山居住，直到第二次世界大戰結束之後，韓國被解放才回來，1946年回到漢城，又過了兩年，1948年任職檢察委員長，隔年就辭去職位，1950年韓戰爆發，他被綁架到北韓，據說他一直不願聽命於他們行事，最後當年11月在北韓死去。

　　對於鄭寅普的評價有正面也有負面，一九三五年他發表的《五千年間的朝鮮魂》而引發朝鮮學運動時，社會主義者反對此運動。馬克思主義者金泰俊作《鄭寅普論》反對鄭寅普，批評鄭寅普是保守主義者，是只重視漢文的近代人物、有違民族史觀者、使用非科學的方法論。崔在穆對於金泰俊對鄭寅普的批判則提出反對意見，指出金泰俊沒有看見鄭寅普改革是朝向進步的方向，鄭寅普不但用漢文亦使用韓文，而且以韓文做為基調。另外，金泰俊所謂科學方法論，是指唯物辨證法，不是今日的科學，而在日帝統治下，宣揚朝鮮民族的獨立性，是必然的趨勢，所以崔在穆認為金泰俊的批評並不合理。

　　延世大學前校長白樂濬在《蒼園國學散薰序》中云：「為堂不但是漢學界的泰斗，而且國人稱之為國寶。」他在這篇序中更明確的指出鄭寅普的思想，稱讚他為重要的英雄，在日帝侵奪，國學不振、傳統文化日漸衰退之際，匡正歪曲的現狀，研究國史，發揚民氣，以實心實學教育學生。2001年延世

大學蓋了一棟「為堂鄭寅普紀念館」，並且設立「為堂鄭寅普獎」，來紀念鄭寅普並獎勵後學。

咸錫憲

　　出生於1901年至1989年的咸錫憲，是一位在宗教、政治、社會等進行毫無保留的批判和抵抗的社會活動家。他人生主要在日本統治韓國的時期，因此有許多思想至今仍影響著韓國社會，他的思想主要又由基督教思想所影響，主要活耀於韓國的宗教友誼會（貴格會）運動，被稱為「韓國甘地」，兩次被提名為諾貝爾和平獎候選人。他後半生幾乎都穿著傳統韓服，且每日僅進食一餐。綜觀咸錫憲的一生可聚焦於「宗教」、「政治」與「社會」。

　　宗教對他來說，是影響了一輩子的思想，咸錫憲是一個基督徒，基督教的「痛苦觀」影響了他日後的寫作，西方的基督教是如何進來韓國的呢？這要追朔到在咸錫憲的時代，歷經了日本統治時期，因此這時期基督教在韓發展也影響了咸錫憲的思考方法。

　　1910年開始，韓民族受到日本統治，被吞併的韓民族遭受了殖民統治與奴役。對於外國在韓傳教士、韓人基督徒和韓民族教會而言，該時期也是一個屢遭迫害和打擊的「受難」時期，因此在這些政治風波下逆行的基督宗教，成為韓國人的精

神寄託，而又與韓國民族主義的發展有所相關。美國研究東亞問題的費正清教授指出：「藉助於認同民族主義的情感，基督教在朝鮮較在亞洲其他地方找到了更多的追隨者。」由此可知，民族主義的興起與基督教的發展有密切的關係，兩者都是在韓的新思想。

而咸錫憲的信仰，最早受美國長老教會到韓國宣教士的影響。由於前述民族主義與基督教的結合，以及對日本殖民的反抗，咸錫憲開始研究基督宗教。然而，後來因為本是同道的基督教民族主義者，與日本政府進行了妥協，使他開始懷疑基督教的信仰。

但咸錫憲的特殊點就在於除了基督教之外，更有對其他宗教的反思，他也曾受到「佛教」中痛苦觀的影響，也就是「苦、集、滅、道」，佛教中的四聖諦，苦是老病死、怨憎會、愛別離等（苦）的感受，探討造成這些現象的理由（集），知道理由後，開始尋找破除這些痛苦的方法（滅），破除後，維持無苦的境界（道）。除此之外，在高中時期，老莊思想一度影響了咸錫憲的思想，從此成為信仰的一部份，老莊思想又稱「哲學的道家」，要以一種有效的使用方法來保存他們的德，因此提升至思想層面，企圖增強智慧，也就是生命的知識，而以保存這樣的生命力來落實生活。而在他到日本求學的時期，社會主義與共產思想同時影響到他的思想。無神論的共產主義讓這位宗教家一直有所踟躕：

「我陷入一個極大的痛苦。基督教真的能夠拯救人嗎？但

我無法放棄自己的信仰去參加一個完全漠視道德意義的社會主義運動。」

　　顯示出咸錫憲在思想主義上仍然無法放棄宗教的影響，無法輕易的漠視宗教，因此他畢生的思想也不停地與宗教有所關聯，企圖牽連思想與宗教之間的關係。

　　在這些主流的思潮中，咸錫憲也特別關注一些基督教衍伸的新主義運動。「無教會主義運動」為源於日本的基督教改革運動，是內村鑑三提倡的基督教信仰，認為相信基督不必然要透過制度和儀式，即不用藉參加教會來實踐信仰。基於對教會領袖的不信任以及不完全認同基督教教義，不少基督徒離開教會，或參與不同教會的聚會，但拒絕加入成為教會的成員，仍自稱為基督徒。咸錫憲在1924年遇到了內村鑑三，這種拒絕了教會膚淺的形式主義和偽善，著力於聖經研究，並高舉十字架神學的信仰群體，調和了他在基督教與社會主義之間的矛盾，重新擁抱基督信仰，也使咸錫憲的宗教觀念進一步的提升，綜合了思想主義。

　　咸錫憲運用了許多基督宗教、佛教、老莊思想、思想主義來解釋及影響社會思潮，宗教對他而言意味著終極價值和境界，致力於宗教多元主義的咸錫憲，同時以基督教的歷史觀來撰寫文章，但排除了聖經為唯一根據的排他主義。因此在文章中更能擴大討論範圍，結合佛教、老莊思想，甚至是非主流的無教會主義等，多元的思想更能夠提升宗教的終極價值，因此他期望出現一個「可帶來生命的更高階進化的新宗教」。

　　咸錫憲的一生在日本統治時期受到了許多限制，同時他又是一位宗教家、一位老師，因此在語言、教育、思想的傳遞上屢屢受到限制。

　　1938年，日本發布命令，嚴格禁止韓國學校使用母語教學以達到消滅韓國民族思想目的，他因為拒絕這個命令，被迫離開教職，並在日本的監控下，轉到一間農校擔任管理員。1942年他因為出版《聖經韓國》（Bible Korea），而被逮捕入獄，從1942-1945年，入監次數前後不少於五次。

　　此外，對於政治家的批評，咸錫憲也做了不少激進的評論。如1910年，朝鮮半島在日韓併合後，於1919年在上海法租界成立、後搬遷至重慶的大韓民國臨時政府，被稱為「韓民族獨立運動的聖殿」。李承晚時任大總理一職，但咸錫憲卻認為這樣的臨時政府只是治標不治本，並做出發言：

　　「韓國脫離日本，獲得釋放，但在實際上卻是沒有釋放的感覺。取代的是另一個更糟糕的悲劇，現在的韓國人要為兩個主人（美國和蘇聯）服務，而不只是一個（日本）。雖然日本統治下是亡國，但至少家人可以在一起，人們可以公開來來去去。今天，父母和子女南北分離，這哪裡是解放？哪裡是自由？南韓指責北韓是俄羅斯和中國下的傀儡，北韓則批評南韓是美國的傀儡。只有傀儡沒有國家。韓國人沒有自己的國家。」

　　咸錫憲認為，即使現在有一部份的人站出來組織臨時政府，韓國依然被歷史因素打壓，深受鄰國的控制，這個地理位置優越的半島國家仍然是各國的政治魁儡，韓國人還是沒有自

己的國家，更顯示出咸錫憲強烈的民族主義，卻在當時遭到了李承晚政府的監禁。

　　而在全斗煥政府時期，也有因「媒體統廢合」而受到限制。媒體統廢合指1980年年底全斗煥發為控制言論而對韓國媒體採取的一系列措施，包括停刊、合併、強行國有化、解僱異議媒體人等，直到1988年盧泰愚上台，才廢除這一政策。因此對於言論發表的各種媒體遭到迫害，包含咸錫憲在1970年與評論家共同出版的「種子的聲音」於1980年被迫停刊。

　　咸錫憲的文章，以「失敗者」的角度，探討「失敗者」在歷史上所扮演的角色意義，並且稱韓民族為「受難的女王」。他的前提是，歷史似乎都是「勝利者」的主張，因為所記載的通常都是那些「贏家」，但「失敗者」與普通百姓的歷史卻不被理解。因此在民族受難的過程中，咸錫憲的韓國歷史形象反映出統治者的暴虐與被侵略民眾所受的苦難為主軸，以「失敗者」的民眾立場來檢視韓國歷史。

　　大略可分為「受難的民眾」、「進步的歷史」二方面影響韓國社會：

　　在「受難的民眾」方面，咸錫憲的苦難史觀認為韓國歷史為一老百姓的「受難歷史」，外在的受難因素起因於內在自我審視與自覺的不足。藉由這樣的苦難史觀，咸錫憲更以民眾為視角，而非國家為主體的史觀，進而達到非暴力和平主義與政治民主化。這樣的民眾思想，在二十世紀70年代開始成為民眾運動的意識形態基礎。對於這樣的受難歷史，咸錫憲並不悲

觀，反而認為人類並不是無法改變命運。他認為「上帝」在歷史一直有所作用，但人擁有自由意志，因此與宿命觀不同，人類具有改變命運的空間，歷史的下一頁隨時可以改變。他認為韓國經歷日本的統治還不夠慘烈，因此再給予「韓戰」的考驗。

而「進步的歷史」則是咸錫憲認為歷史是「絕對的進步」，相對於「循環史觀」認為歷史是循環的，沒有絕對的好與壞，人類歷史和自然界一樣是循環運行的。咸錫憲的觀點屬於線性史觀中較樂觀的「進步史觀」，可連結到他的基督信仰，基督教的根源「猶太教」認為一部歷史就是由「創世紀」朝向「世界末日」的發展過程，而在末日會有拯救世界的「救世主」，清楚的認為歷史有起點也有終點，在基督信仰中更強調了耶穌降臨世間的重要性。且雖然咸錫憲曾經在社會主義中猶疑，但其主張的唯物主義卻不是咸錫憲所認同，他認為精神發展才是最主要、最進步的內容。

咸錫憲身為一個宗教家，並不把自己侷限於宗教界，更涉及了政治、社會、教育及人權等多個議題，期望把韓國的歷史告訴世界，以一個「受難者」的立場，發起民眾的民族主義，提倡韓國自身成為一個完整的國家，他雖曾經說過：「身為韓國人，是我唯一的罪行。」但卻在晚期皆穿著韓服，可想而知咸錫憲也是同時以激烈的話語希望激盪出韓國的民族主義，期望能夠讓韓民族有自身的國家意識。這位被稱為「靈魂的革命家」，對於宗教的生命思想及民主的和平思想有巨大的貢獻。

金容沃

　　金容沃，1948年出生於韓國天安，號檮杌，一個擁有多重分身的學者。他是位哲學思想家，也具有教授、暢銷書作家、電影編劇、漢醫師，以及記者的身份。在韓國，喜愛他的人稱他為「怪傑、天才」，而討厭他的人則說他純粹是「怪人」。他的哲學思想影響了當代的韓國人，不僅哲學書籍暢銷，他在電視台的講座也吸引許多人的目光，甚至連當時的總統——金大中也是他的忠實觀眾。

　　金容沃擁有豐富的身分可從他的學歷窺知一二，他擁有四個國家頂尖學府的學歷，從韓國的高麗大學哲學系畢業後，到國立臺灣大學哲學研究所研讀老子哲學，並取得碩士學位，接著到日本東京大學取得中國哲學科的碩士學位，以及美國哈佛大學的中西比較哲學博士學位。他甚至在四十多歲時，毅然決然重回校園當起學生，於圓光大學漢醫學院就讀。

　　金容沃擁有多樣的面貌，首先從教授的身份開始介紹。1972年，金容沃大學畢業後，到國立臺灣大學哲學研究所留學，認識了在國立臺灣大學中文研究所留學的韓國人——崔玲愛，他們於1973年在臺灣結婚，兩人共育有兩女一子。金容沃

第一次的海外留學地點是臺灣，與夫人相識到結婚也在臺灣，他們定情的地方是阿里山的神木前，第一個女兒也是在臺灣出生，臺灣對他而言是充滿回憶的地方，也像是第二個故鄉。

金容沃在臺灣留學後，又到了日本、美國等國取得學位。1982年，金容沃結束了留學生生活，返回韓國，開始了他在高麗大學的教授生涯。但是教授的身份並沒有維持很久，1984年4月，當時南韓的知識份子，以大學生為首，走上街頭反對軍人政權的獨裁統治，一般而言，學生發起的運動，權威學者們通常不會表態，不過這次，連大學教授們也紛紛表達了反政府的態度。而金容沃並沒有在一開始就和大家一樣表態，因而遭到學生的質疑，也有較激進的學生從而辱罵他。他後來在4月8號發表了〈良心宣言〉。

〈良心宣言〉中提到「在連做為普通人都不被容許的體制下，怎麼去教別人成為普通人的中庸之道？」中庸之道是影響他走向研究東方哲學的重要思想，《中庸》更是他非常重視的經典，他時常向學生講授中庸之道。從他在〈良心宣言〉裡發表的這番話，說明了當時的社會情況糟糕到做一個普通人的權利都被剝奪、被威脅，當然更不用進一步去談什麼人類應有的中心思想。另外，他還說：「錯的東西不能說錯，該改的東西不能說要改，有痛處還不能說痛，在這樣的狀況下，我怎能繼續站在講台上？」當時他的課堂上有許多職業學生在盯著他，因此他憤而透過良心宣言來表達自己不能說出真正想說的話，以及身為一位老師卻無法盡責的難過心情，隨後，他便辭去了

教授一職。

　　辭去教授後，金容沃開始專心著書，他本身就是個多產的作家，在辭去教職的這一年內更是出版了九本哲學思想相關的著作，而且都上了暢銷書排行榜，九本書狂賣了五十萬本。光從銷量來看，便足以說明他是當代最具影響力的哲學思想家。他也參與了許多文藝活動，例如，林權澤導演執導，在坎城影展獲獎的電影——《醉畫仙》，金容沃即是該電影的編劇。1988年漢城舉行奧運時，金容沃也受邀製作漢城奧運的紀錄片。2005年，他則受邀製作紀錄片——「檮杌看韓國獨立運動六十年史」，檮杌是金容沃的號，這十部系列紀錄片其實就是金容沃來談韓國獨立運動史。

　　身為一位作家，金容沃受《韓國日報》之邀，推出了一系列的文章，稱為《檮杌孤聲》，包含〈六月革命論〉、〈論學生〉、〈論統一〉……等文章，這些文章引起了兩極的反應，有人讚賞，有人抨擊。1993年，金容沃創辦了「檮杌書院」，這一所私人的書院，招收一些研究員和學員，主要講授東方的思想與哲學。此外，金容沃也十分關心各種藝文展演，他甚至親自參與了演出，當了舞台劇演員，還有將韓國傳統音樂與現代舞台藝術相結合，與搖滾歌手一起站上舞台唱歌。金容沃多方面地參與各種文化活動，是一位非常活躍的文化人，他將自己的專長運用在各個方面，有許多大膽的舉動，或是新穎的看法，有一部分的人覺得他是天才；同時，也因為他的想法及作法過於創新激進，有一部分的人則是無法接受，覺得他在說一

些大膽的詆語。

關於漢醫師的身份，金容沃在他中年時期，1990年，決定暫時放下他的其他身份，重返校園當起了學生。金容沃在圓光大學念漢醫系，漢醫系一般要念六年才能畢業。而他確實在六年後畢業並取得漢醫師的證照，之後便在首爾大學路開設了一間「檮杌醫院」。醫生當了三年之後，金容沃把醫院關了，他說：「因為生意太好，病人看不完，錢也賺太多了。」當時，有許多來看病的人單純是慕名而來，希望能夠藉機聽金容沃談哲學，並不是真的有病痛才來看醫生，最後他便把醫院給關了。

金容沃從1984年辭去教職後，儘管高麗大學哲學系原有意請他回去任教，但受到哲學系其他教授們的抵制，不願過於優秀的人才一同來競爭，金容沃最終將教育的舞台轉到電視上，1999年11月至2000年2月，他在南韓EBS教育電視頻道開了一個節目叫「老子與21世紀」，內容便是講述老子的《道德經》，當時除了有許多人到現場聽講以外，收看節目的觀眾也相當多，甚至連當時的南韓總統金大中先生也是忠實觀眾，可見金容沃的重要影響力。2000年，金容沃則在南韓KBS I電視頻道開講《論語》。2002年，在EBS教育電視頻道，開講《我與達賴喇嘛談佛教》。金容沃並沒有忽略任何一個學派，他的學術涵養容納了各家思想，使他能思考中國哲學、韓國哲學、日本哲學，甚至西洋哲學等不同的哲學問題，從他在電視上的演講便可知道，演講內容涵蓋了老子、儒家、佛教等。金容沃

後來更創造了他自己的一套「氣哲學」理論。

　　金容沃將中國古代人文的精神，如《老子》、《論語》、《中庸》介紹到韓國，因為他認為這些是韓國適應現代社會所需要的思想。對他而言，中國古典並不侷限是古代思想，而是21世紀全人類應該要注重的思想，而且中庸的思想比許多西方哲學還要札實。

　　金容沃在2002年又有了新的身份，他進入《文化日報》擔任記者。當時正是盧武鉉參選南韓總統的時期，而當年盧武鉉勝選關鍵在於青年階層的投票，可以歸功於金容沃的號召，他促使網路族群支持盧武鉉，吸引了一些讀過他的書的「386世代」年輕選民的選票，讓盧武鉉最終得以當選。金容沃的思想相當進步，他可說是一位進步改革者，他也堪稱是盧武鉉當總統時期的「國師」，給了盧武鉉很多建議，因此當時盧武鉉順利就職總統後，金容沃更是唯一專訪盧武鉉的南韓媒體人。

　　金容沃時時關注著藝文方面的活動，2003年3月，林懷民創辦的雲門舞集在漢城「藝術的殿堂」公演，根據書法韻律編排而成的舞蹈──「行草」，金容沃前去欣賞，因緣際會與林懷民相識。同年八月，雲門舞集創立三十週年在臺灣國家劇院推出〈薪傳〉的重演，金容沃也應邀來台觀賞。

　　當時，臺灣的總統是陳水扁先生，金容沃原本就希望能採訪陳前總統，因為陳水扁先生的人生經驗、政治歷程和韓國當時的盧武鉉總統相似。當時便是透過林懷民與朱立熙老師的牽線，金容沃採訪到了陳前總統，兩人展開了長達七十分鐘的訪

談。金容沃當時的身份仍是《文化日報》的記者，他採訪完回到韓國之後，發表了對談的內容與臺灣問題，連續三天以全版的篇幅刊登在《文化日報》上，這是韓國媒體第一次如此詳細的關於臺灣之報導，將臺灣的歷史以及追求民主的過程介紹給韓國人民。

金容沃獨特的學歷、經歷，讓他擁有支持者，當然也有反對者，反對者認為他的論調太大膽激進，是在大放厥詞。從金容沃的言論可以看出他是進步派的思維，因此他在韓國受到進步派人士的歡迎，而受到保守派人士的反對。金容沃不參政卻想有所作為，而他也的確透過自己的語言文字，影響了韓國人的思想，不可否認的是他作為一個哲學思想家，對南韓社會有絕大的貢獻與影響。

篇四 宗教領袖

元曉大師

　　元曉（617年－686年），是新羅時代的高僧，高麗海東宗的初祖，是朝韓佛教史上的一代奇才，生於新羅押梁郡（現慶尚北道），本姓薛，名思，諡號和諍國師，別稱西谷沙彌、百部論主、海東法師、海東宗主、元曉聖師，他的中心思想是「一心」、「和靜」，致力於佛教的大眾化，著作眾多，其所著有《大乘起信論疏》、《金剛三昧經論》等，為當時佛教的普及做出了重大的貢獻，同時也是史上著名的破戒僧人。

　　元曉年輕的時候曾跟隨大安禪師修行，大安禪師是個布袋和尚、濟公一樣的人物，穿著破爛，每天在街上擊鋼鉢向人乞討食物，並且祝福那些布施的人能大安，久了大家都叫他「大安禪師」，然而其真實姓名並不得而知，大安禪師乞討來的食物並不是自己要食用，而是為了餵養流浪狗，他常把流浪動物撿回山上，靠著化緣的方式來養活他們。

　　有一次大安禪師在街上撿到一條小流浪狗，已經奄奄一息了，他對元曉說：這小狗快餓死了，我得趕緊去討些奶來給它喝，你幫我看著。大安禪師拿著鉢，匆匆跑出去了，沒想到大安才出去不久，小狗就咽下最後一口氣死了。元曉非常難過，

但他沒超度過小狗，不知如何是好，心想：就和人的一樣辦吧！於是元曉跑出去找了一些樹葉，覆蓋在小狗身上，自己端坐在旁邊，開始嚴肅地為小狗誦經超度。大安去化緣回來，看見元曉那么嚴肅地為小狗誦經，就問他說：你念這麼深的經給一隻小狗聽，牠怎麼聽得懂呢？接著，大安禪師把化緣得來的奶放在小狗身邊，揭開它身上的樹葉，對小狗說：「你好好的吃吧！希望下輩子去往生善處，天天都有好東西吃！」元曉在一旁看了大為感動，原來這就是為小狗念的經呀！

　　從此元曉大師對妓女說妓女的法，對乞丐說乞丐的法，對各種不同存在的生命體，都用不同的形式和言語去訴說佛法，相信只要懷著慈悲的心態，不管是以什麼形式說法，都能夠傳遞出言語應有的功能和價值性。

　　元曉於二十九歲時在皇龍寺出家，隨師學佛法，後慕唐朝玄奘、窺基之名，於650年（真德女王4年）元曉與義湘為了向唐玄奘學習從印度學到的《新唯識》，兩人前往中國唐朝的路上被當作間諜抓捕，在661年（文武王元年），元曉又與義湘前往唐朝，然而在唐項城（今京畿道華城市）夜晚遇大雨，所幸路旁有一洞穴，二人便進去避雨，當時洞穴中黑漆一片看不清楚，兩人便暫時休息一會兒，半夜元曉覺得口渴難捱，起床尋找水源時，意外摸到身旁有一瓢水，便端起來喝掉了，喝的當下元曉覺得這真是此生喝過最香甜的水，於是在黑暗中他謝過菩薩後繼續睡去。

　　次日早上醒來，二人發現自己所在的洞穴乃是一個很大

很舊的墳墓，而在兩人的旁邊還有一個頭骨，元曉這才意識到，昨晚喝的水原來是頭骨里的污水，而非一瓢甜美的水源，他不禁胃臟翻騰起來，經過從此事他才領悟到菩薩所謂「心生則種法生，心滅則骷髏不二」的真正含義，也就是有了心，就有了宇宙萬物；沒有了心，就骸骨裡的水與清淨的水之間並無差別，一切事物和法都取決於心的道理。在他意識到「三界唯心，萬法唯識，心外無法，胡用別求」的真理後，便發現原來世界上並沒有極樂世界，而此生也有極樂可尋，並不需要透過去遙遠的中國學習佛法，才能真正得到真理或是開悟，於是當日元曉即與義湘分手，打消了入唐的念頭，決定攜行李回新羅，註釋了華嚴經。

入唐取法後的隔年，也就是662年，武烈王的庶女瑤石公主因丈夫過世，遭到其婆婆驅逐，在返回娘家途中愛上了元曉，在得知瑤石公主的愛戀之後，元曉在修道和愛情之間被迫做出選擇，而瑤石公主為了不要阻礙元曉的修道之路，卻又無法停止對他的愛慕之下，決心以一死換取兩者之間的平衡，以成全元曉修行並斷絕對他的愛戀，而元曉得知瑤石深情後，遂毅然決定破戒，並在成全菩薩道的條件及情慾不為所動的堅持之下，與公主產下一名叫薛聰的男孩。

新羅文武王在得知元曉與瑤石公主生子的事情之後，以此脅迫元曉還俗，希望能助其以武力統一三國，然而元曉寧死不屈，遂在西元663年，元曉開始以破戒之行，用小姓居士的身分展開贖罪之旅，遊走在不同的百姓之間，在三國的戰火中，

默默傳道於民間，將彌陀法音遍灌半島，致力於打破朝鮮半島上貴族與貧民的階級，並試著將佛法大眾化，且創立韓國華嚴宗芬皇宗，因此元曉大師在韓國佛教史上占有重要的地位。

西元686年，元曉入寂於芬皇寺，三個月後，瑤石公主面西而逝，再過六年，義湘亦入寂，元曉在佛教界受到一定程度的質疑和重視，雖然因為情慾讓元曉破了戒，似乎不符合一個所謂修行者的紀律，違背了應有的修行清淨，然而元曉對於佛法的傳道和文筆斐然的著作，卻是大眾有目共睹的，他優秀的文采解說能力以及對於大眾化佛教的努力和用心，讓朝鮮半島上許多的大眾都可以享受到佛教的奧義和美好，加上他的文采解說能力非常好，也獲得皇室的器重，並留下許多精彩的著作和思想。

在著名《無涯歌》中，元曉用自由且細膩的文筆，闡述了佛法的美好和自由，不單單是字面上的文采和寓意，讀者也可以想見元曉在面對求法時的渴望，開悟時的自信，面對愛情的痛苦，破戒時的貞定，行贖罪之旅的勇敢，行菩薩道時的堅毅，除了對佛法有更進一步的認識之外，也刻畫出作者生涯的燦爛和自由、人們所處的歷史背景，和遇到的困難及順境呈現。元曉大師常對偏執於來生解脫的人說：今生的問題都不能解決，擔憂什麼來世？燈火不明，周遭必然黑暗，追求來世的修行而放棄今生的智慧，就像不點燈而去找光明的地方。

元曉大師致力於佛教思想的融合與實踐，同時對當時以貴族為主的佛教改成大眾佛教之事功不可沒，且是淨土教的先驅

者，並綜合整理佛教理論而豎立了「和靜思想」。佛教傳入韓國的過程中，可說是輝煌燦爛，位居東亞世界的思想主流。除了有賴歷代賢聖僧侶不斷精進的修行，元曉大師的民間傳道和大眾普及佔了很重要的位置，不去局限於特定的顯貴人士，也不去侷限一定的傳教方式，選擇用不同的方式和語言去進行佛道的傳播，也是佛教對大眾慈悲為懷的重要行為呈現。

元曉大師也反對所謂神通的存在，他說：要飄落的花瓣，連一天也不能等待，確實那些號稱有神通的人，連一瓣花的落下都無能為力，何況是阻止人生的無常與痛苦呢？讓佛法不再是遙不可及的，而是人人均可以貼近的，只要靜下心去感受，佛法可以實踐並發生在你我的日常生活中。雖然部分佛教人士對元曉的行為並不是那麼樣的認同，也有一些受人攻擊的論點和佛法解釋，但為了朝鮮半島的推廣所盡的心力，以及斑斕的文字瑰寶，是後世佛教界都贊同且崇敬的，而元曉大師傳奇且充滿戲劇性的一生，也成為許多後人在文字創作甚至是戲劇創作上，充滿傳奇色彩及戲劇張力的角色。

金大建

　　金大建（1821年－1846年），聖名安德魯（Andrew），是朝鮮半島首位成為天主教司鐸（神父）的人，也是朝鮮歷史上第一位殉道的神父（之前都只是信徒或外國傳教士受難）。金大建出生於朝鮮王朝末年的一個位於忠清道的天主教家庭。1836年，15歲的金大建領洗，並與崔良業等一行人前往澳門修讀神學。之後他在上海獲祝聖晉鐸成為神父，並返回朝鮮傳教。當時朝鮮正值豐壤趙氏的勢道政治時期，對天主教的迫害尤為嚴重。在這種情況下，1846年金大建返回朝鮮不久後就被捕，並於9月16日殉道，被朝鮮政府梟首示眾，得年26歲。

　　金大建聖人，一八二一年八月二十一日生於韓國忠清南道，唐津邵松山鎮。父親金濟俊，母親長光高氏，是這一家的長子。一八三六年四月，十六歲，在京幾道龍仁里公所的巴黎外方傳教會羅神父（Manhant）處領受聖洗禮，後留學中國澳門，攻讀神哲學，不久回國。一八四二年因避教難，十一月同高主教（Ferreol）來小八家子，和李神父（Maistye）創辦了小八家子拉丁修院。一八四四年十二月二十五日，高主教為他主持晉升六品祝聖禮。一八四五年一月回國傳教；後又到中國上

海，同年八月十七日，由高主教在金家港教堂為他主持晉鐸祝
聖典禮。二十四日在橫塘小神哲學院教堂做了第一台彌撒。然
後被派往忠清南道、江景漢城、黃山浦、羅巖等地傳教。一八
四六年六月五日，從白翎島搭中國漁船，由一朝族漁民護送入
境，在巡威島登山鎮被捕，九月十六日，在軍門被梟首殉教！

　　一八五七年九月二十三日，他被教廷列為可敬者，一九二
五年七月五日，被教廷列為真福品，一九四九年十一月，在韓
國被宣佈為「韓國聖職者大主保。一九八四年五月六日，韓國
立教二百週年紀念，教宗若望保祿二世訪問韓國之際，封金大
健為聖人品」。

　　金大建是韓國首屆赴外國留學的神學院留學生，並且創下
許多前無古人的歷史紀錄，即便他的這一生有許多讓人為之驚
豔的經歷，但金大建的命運實屬坎坷，生於當時那個對天主教
迫害的年代，以至於無法更好的將天主教發揚光大，人生只有
短暫的26年。

　　自1784年周文謨潛入朝鮮以後，天主教在地下傳播並得到
飛速發展，包括了上至貴族學者、下至庶民百姓的廣泛信徒。
以程朱理學為正宗的朝鮮王朝政府對此感到巨大威脅，遂極
力鎮壓天主教。金大建一家也是朝鮮千千萬萬各天主教家庭
之一，他的高曾祖父出身兩班貴族，曾因為「辛酉邪獄」而
被害。

　　金大建7歲時，因為曾祖父母皆信仰天主教而慘遭朝廷處
死，他與父母無法繼續在故鄉生活，開始到處遷移、躲藏居

住。金大建從小才賦非凡、個性剛強、信仰虔誠。1836年他與其它兩位少年：崔良業和崔方濟（後來在留學中病死），被選拔為神學生到澳門學，當時他年僅15歲。他們兩位一起讀神學6年，後來遇到當地民亂，避難到菲律賓馬尼拉，遭遇許多顛簸流離之苦。

　　1836年（朝鮮憲宗二年）三月，結冰的鴨綠江上有十幾位朝鮮人正小心翼翼的渡江，其中有三位少年約15歲，跟著一位法國羅神父（Maubant）正前往澳門的路上。他們就是：金大建（安德魯）、崔良業（托馬斯）以及崔方濟。當時，朝鮮對天主教信徒迫害非常強烈，法國羅神父發覺無法在朝鮮境內繼續培育他們，於是與澳門巴黎外方傳教會神父商計後，決定把神學生送出國培訓。從漢城到中國澳門距離總共9000公里，這趟難以想像的遙遠旅程，他們經過三個月的奔波，於1837年6月7日平安抵達。但是澳門的讀書過程並不順利，1839年4月當地發生民亂，他們又在匆忙中逃到菲律賓馬尼拉，沿途飽受傷寒和盜匪侵襲，加上祖國傳來迫害的種種消息，都讓他們的心靈天天處於憂苦。1839年（朝鮮憲宗五年，己亥年）朝鮮發生的"己亥邪獄"事件，很多教會領導者和信徒都相繼被誅殺，而金大建的老師羅神父也在當年9月21日殉道，年僅36歲。

　　金大建在神學院生活五年後，1842年2月中國鴉片戰爭快結束時，法國派遣2艘軍艦到中國，這時金大建和崔良業以翻譯員身份上船協助翻譯工作，他們原認為這是進入朝鮮的好機會。但事與願違，法國船長花了四個月到達中國吳淞口，但戰

爭結束，他就放棄北上計劃要返回法國。然而期待著回朝鮮的金大建一行人，仍不放棄任何可能的希望。

1843年農曆11月，他曾和法國高主教嘗試入境朝鮮。他們到達朝鮮的邊門，剛好遇到一位金方濟教友，從他那兒聽到朝鮮朝廷仍不斷迫害教會的消息，也沒有安全居所供神職人員居住。他考慮國內動盪不安、危機四伏，所以沒有請高主教同行，但他決定一個人單獨回國。金大建喬裝成窮苦的木匠順利潛入義州，潛入當晚卻被士兵發現，只好返回盛京。他嘗試許多潛入朝鮮的機會，卻徒勞所成。他曾寫信高主教報告無法進入祖國的困難，感嘆說："我體悟了人無法永遠停留在這世界，我們不過是旅途的過客而已。我能踩上祖國領土只是一剎那而已，是以中國人及外國人的身份才可以。我們何時才能以耶穌基督之名彼此擁抱呢？"

1844年12月，金大建回到小八家子，受到高主教的信任和認可，即與崔良業一起祝聖為執事。過幾個月後，他重新與金方濟在邊境碰面，並約好潛入朝鮮的時間。1845年1月15日，金大建有幸重新回到漢城，實現長達8年渴望回國的心願。潛回漢城後，金執事積極安排高主教及外國傳教士入境朝鮮的管道，準備傳教活動計劃。他在短時間內做了選拔神學生、製作朝鮮地圖、蒐集殉道者的資料，以及買下安全居所等重大任務，其中尋找朝鮮到上海的路徑是最艱難的任務。終於三個月後，他帶著十幾位船夫坐上往上海的商船，經過一個月海上航程到達上海。

　　1845年8月17日這天，金大建執事終於實現了從15歲一直期許的願望。他在上海附近的金家港教堂，從高主教手上領受晉鐸聖事。這是金大建年少離鄉背井八年八個月後，完成晉鐸願望的實現。隔日金大建神父一行離開上海，40餘天後的10月12日登陸朝鮮。雖然航海中遇到狂風暴雨停留在濟州島數天，但他最終順利的抵達朝鮮疆界。

　　後來，金大建歷經百般艱苦把高主教和一些外國神父接到朝鮮後，立即展開行動，秘密為教友舉行聖事，主要傳教區在漢城附近。根據當時教友傳述，金大建個性活潑、長相斯文、體魄強壯。有一次，他依主教指示與母親小聚後，出發到黃海道去遞交外國傳教士信件給中國船，並開闢新路線接運傳教士入境等秘密工作。但那一次黃海道航海行，竟成了他的殉道路。他把信傳給中國船後，回途中被士兵逮捕。他在監獄飽受盡折磨拷打達三個多月。又因為有人揭發他所做的傳教工作，因而被轉到漢城捕盜廳受審判。他在獄中展現的機智及廣博學識，還有不屈不撓的謙和態度，使審判的官員都讚嘆不已，但有些堅持儒學道統的官員仍堅持宣判他死刑。1846年9月16日（朝鮮憲宗十二年七月二十六日）那天，他留下一句："你們也信奉天主教，到我的天國來吧！"然後泰然地在漢江切頭山被問斬，那年他僅有26歲。

崔濟愚

　　朝鮮時代後期，當時李朝以鞏固王朝的集權主義朱子學（性理學）做為中心思想。李朝封建社會制度危機加深，此時期西方文化正在滲入韓國，西教開始在韓國傳教。

　　崔濟愚，號水雲，1824年出生於慶尚道。幼時名字為崔福述，少時與父母死別，過著艱苦的流浪生活。1856年進入千聖山修練、求道。後來和妻小回到慶州在龍潭亭繼續修練。直到1860年的神秘體驗，經過上天的指教後有所領悟，於1861年創辦了東學開始傳教，主張「布德於天下，救濟民眾」，反對當時的封建制度、批判當時無能的當局者，提出有力量的神的新宗教觀，開始向民眾們傳教。當時東學被朝廷視為邪教，常常施予鎮壓，崔濟愚於1862年曾被逮捕一次，當時眾多民眾求情於是崔濟愚被釋放。但於1864年朝廷最終以擾亂民心為罪名對崔濟愚處以斬刑。他有兩本著作，收編漢文文章的《東經大全》以及韓文文章的《龍潭遺詞》，內容為崔濟愚向弟子們傳教時所寫的詩文，是由第二代教主崔時亨所收集編成。

　　東學以孔孟的儒家思想作為基底，加上崔濟愚從上天得到的啟發所創造的韓國民族宗教，而到第三代教主孫秉熙時則多

了佛教的色彩，最後發展成為天道教。

　　崔濟愚在《東經大全》中的布德文裡提及：「有何仙語忽入耳中　驚起探問　則曰勿懼勿恐　世人謂我上帝耶……。」記載著當時神祕體驗的經歷，稱受到上天的委任要救濟民眾、布德於天下，於是開始傳教給民眾，是韓國最初的民族宗教。

　　而東學的中心思想的發展，可以分為三階段：第一代教主崔濟愚（1824-1864）的「侍天主」、第二代教主崔時亨（1827-1898）的「養天主」、第三代教主孫秉熙（1861-1922）的「覺天主，人乃天」。

　　在東經大全之中可以看到崔濟愚對於當時社會的描述：「我國惡疾滿世　民無四時之安　是亦傷害之數也　西洋戰勝攻取　無事不成　而天下盡滅　亦不無唇亡之歎」，可以看出當時封建制度下，平民貧窮困苦、西方國家的國力盛大。此時東學的中心思想為「侍天主」，天主是至高的，由崔濟愚去完成上天賦予的任務。

　　因此，他提出「輔國安民」，主張以布德於天下，民眾們能夠得到安撫之外，更能成為有德者扶持國家。提出有力量的神能帶給朝鮮新希望。且批判當時朝鮮獨尊儒術，將朱子學做為「經邦治國」的唯一真理，鞏固君主集權主義；以及衛正斥邪思想，其他宗教皆視為邪教，朝鮮前期之佛教、中期之陽明學、後期之天主教與東學都被排斥，即各時期衛正斥邪的對象皆有所不同。

　　崔濟愚遭受處刑之後，第二代東學教主為崔時亨。他在崔

濟愚死後偷偷藏身於江原道，並且請教徒們將老師崔濟愚的文章集結而《東經大全》、《龍潭遺詞》。而崔時亨也把他對東學的吸收重新解釋崔濟愚的想法，也就是「養天主」。和老師的理念不同，他認為要侍天主前應該要先具備養天主的心。這個主張其實也反映著靠人民來培養朝鮮的力量。

而第三代教主孫秉熙主張「覺天主，人乃天」，且將東學改成天道教。孫秉熙曾到過日本和許多在日本研究佛教的留學生交流，因此，天道教的教諭中帶有佛教的色彩。天道教以東學原有的思想為基底，加上新的色彩與想法。

崔濟愚雖然傳教的時間不長，但是他的思想影響著東學的後續發展。崔濟愚的指教：「強調道德，以至誠修道。」對他的學生崔時亨而言意義非凡，身處於戰亂時代，但卻堅守著修養自身，等待著和平的日子到來。這樣的等待也反映在養天主的思想上。然而，大韓民國臨時政府主席金九也接收到這樣的思想，在領導獨立運動時曾說過：「我國的富力能讓我們生活富足，我們的強力能夠阻止他國的侵略就足夠了。我相信我們民族的才幹和精神，以及我們過去的鍛鍊是十分適合完成這個使命的。」其中不只有崔濟愚至誠修道的思想，還有孫秉熙人乃天的想法。人民該覺醒創造屬於韓國人民的國家。

由崔時亨及全琫準所帶領的東學黨起義運動。可分為兩階段做分析。第一階段的時代背景為門戶開放政策，日、中不斷擴大在韓的經濟活動，韓人民的經濟區域不斷遭受瓜分，且原本的封建制度就導致農民被壓榨，加上政局不穩、農民窮困。

農民對於當時全羅道古埠郡郡守趙秉甲的貪汙、壓榨農民多課稅以及為導火線的萬石洑水稅事件。萬石洑為古埠郡的一大蓄水池，向農民徵收水稅，以供灌溉種植使用。然而，趙秉甲卻強迫農民們要蓋一個新的洑，為的就是多徵收水稅。此舉引爆了農民們的憤怒，長期受欺壓農民在崔時亨及全琫準的帶領之下，展開了農民起義運動。

　　成功佔領全州之後，朝鮮各地的東學教徒也紛紛揭竿而起義，第一階段的起義算是勝利的。然而，日本卻以農民起義為由出兵朝鮮，為的就是趁機侵略中國，挑起中日戰爭。趁著清朝派兵鎮壓東學黨起義時，一萬多名日軍以保護僑民為藉口登入仁川港。不久，日軍便突襲漢城王宮，扶持了興宣大院君，隨後挑起了中日戰爭。全琫準對於日本強硬的干涉朝鮮內政感到不滿，發起了第二次起義。但是，雙方實力懸殊，日軍的訓練有素加上精良的裝備，再次起義最終以失敗收場。

　　總結來看，東學農民運動第一階段是反封建制度，而第二階段是反對日本的侵略。此次的起義運動，看似沒有東學的宗教思想，只是單純以反封建、反侵略為主的起義運動。但其實不然，崔濟愚的布德天下、崔時亨的養天主，都算是起義運動的思想啟蒙。人民們為了更好的國家去爭取自身的權益！雖然最終以失敗收場，但是從這裡可以看出人民們的思想改變。而東學運動也在東學的思想中帶來影響。孫秉熙提出新的思想「覺天主，人乃天」，就是重新領悟出的道理。

　　崔濟愚的一生就四十年頭，在生命中最後的四年才得道領

悟、才開始傳播他的新思想。他的一生看似曇花一現，僅僅四年的傳教不只是提倡布德天下，其實反封建制度就是反映著人人平等的中心思想。而他對於韓國的影響不只是創辦了韓國最初的民族宗教，更重要的是他啟蒙了人民，帶給人民希望！除了崔濟愚的貢獻外，崔時亨將東學建立得更有結構與秩序，崔時亨和孫秉熙將崔濟愚的思想、精神傳承下來也是功不可沒！

金壽煥

金壽煥1922年出生於韓國大邱，卒於2009年2月，享年86歲。除了是韓國羅馬天主教會任命的第一位樞機之外，也以46歲的年紀，成為當時羅馬天主教會中最年輕的樞機。

金壽煥高中畢業時，韓國仍處於日本殖民時期，校長推薦他赴日留學，因此1941年到1944年間，金壽煥在日本上智大學攻讀哲學。若想正式成為神父，多半需具備碩士學位，因此大學畢業後，金壽煥返韓，1947年到1951年間，於韓國天主教大學攻讀哲學，並在1951年順利晉鐸成為神父。1957年到1964年間持續在德國明斯特大學進修神學及社會學。

因為神職人員並無家庭生活，因此權力鬥爭追求位階的過程相當激烈。神職人員的經歷成為「聖秩」，分為三個重要的階段，分別是晉鐸、晉牧及成為樞機。其中，金壽煥算是擢升快速的。於韓國天主教大學獲得碩士學位後，1951年9月晉鐸為神父。1966年2月被任命為韓國天主教馬山教區主教，是為晉牧。1968年被教宗保祿六世提拔為天主教漢城總教區總主教，並於隔年4月28日擢升為樞機。當時年僅46歲的金壽煥除了是韓國首位樞機之外，亦是當時羅馬天主教會內最年輕的

樞機。

　　金壽煥早在1986年就任總主教的講道中提到對韓國天主教的抱負，希望成為「放下架子，融入社會」（亦被譯作「拆除高牆，根植社會」）的教會。然而這樣的改革理念，引起保守的天主教徒及元老神父的反對。金壽煥在回憶錄中也曾提到：「最令人傷心的是，元老神父不理解教會參與民主化運動的立場。」即使被汙衊、被攻擊，甚至因長時間遭監控而失眠，都未曾動搖他幫助弱勢及聲援民主化運動的決心，因此又被稱為韓國「人權及民主的守護者」。

　　1969年當上樞機主教後，金壽煥的挑戰才正式開始。70年代至80年代末期是韓國政治最渾沌的時期，前有朴正熙總統獨掌政權18年（1961-1979），後有全斗煥發動軍事政變，實施獨裁統治長達8年（1980-1988）。作為神職人員的金壽煥，並沒有遠離政治，反而公開批判獨裁者，大力支持民主化運動，具體表現於1980年的「光州事件」及1987年的「六月抗爭」。

　　光州事件中，5月18日至27日長達十天光州地區處於被包圍的真空狀態，為了支持民主抗爭人士，據說他曾透過天主教徒將部分募款偷偷送進去，因此光州人對他甚是感激。而整個抗爭過程造成許多無辜死傷，他也要求全斗煥獨裁政權負責，並說：「僅僅依靠武力維持的秩序，是沉默而具毀滅性的，只會使暴力事件惡性循環。」

　　到了全斗煥執政末期，人民再也無法忍受，紛紛上街示威，要求結束軍政並實施民主選舉。因引起獨裁政府的不滿，

許多抗爭人士及學生遭到警察任意逮捕。為了保護他們，金壽煥提供首爾明洞天主教大聖堂做為庇護保命的空間，並向前來抓人的警察喊話：「請把我的話傳給當權者，我身後有許多神父，神父後面還有修女，要逮捕學生的話，就先踩過我的身體，再踩過神父的身體，然後踩過修女的身體！」因為金壽煥堅定的態度，使得明洞教堂成為韓國民主化運動的根據地。在他「入世」的領導之下，天主教的教義走入韓國人的心中，吸引了許多學生、工人及知識分子，信徒快速增加。也因為他的積極支持，使得天主教在韓國民主化進程中，扮演相當重要的角色。

1990年代，金大中及盧武鉉兩任民選總統都推動了「陽光政策」。兩任總統欲以和平的方式處理南北對立的問題，例如對北提供合作資金。這樣的做法引起金壽煥的憂慮，認為陽光政策並未帶來實質的和解與合作，因為朝鮮的姿態和體制毫無變化，並呼籲世界關注朝鮮殘酷的人權狀況。總是憂國憂民、心繫於推動民主及人權的金壽煥，獲得世人相當高的評價。韓國高麗大學宗教學者曾稱他為「韓國的道德良心」，讚譽他不受政治利益影響，堅定地捍衛天主教的精神並爭取民主。

患有肺炎的金壽煥，於2008年病情加重，2009年2月逝世，享年86歲。前總統金泳三及金大中皆表示十分哀痛，當時的總統李明博也於2月17日親自前往弔唁，並表示「金樞機主教捐贈了角膜，向我們展示了他直到離開人世的瞬間為止，一直堅持的犧牲和奉獻精神，我們要向他學習。」「每次去看望

他的時候，他都在為國家祈福。現在國家失去了一位德高望重的長者。」2月20日於明洞聖堂舉行追悼彌撒，韓國總理韓昇洙在葬禮上代替總統李明博朗讀的悼詞中，稱讚金壽煥是「支撐韓國的棟樑」，許多當年受金壽煥樞機啟發的民主運動人士也譽其為韓國的良知。四十多萬人前往現場默哀致意，護送遺體的車輛離開明洞聖堂時，悼念群眾皆嗚咽不止，韓國媒體報導現場氣氛極其哀榮，這是即使在天主教國家也少見的場景，故又被稱為「明洞奇蹟」。遺體現葬於京畿道龍仁天主教神職者墓園。

金壽煥生前的主治醫師在採訪中提到：「金主教常強調愛、奉獻及施予，並且親自實踐節制與犧牲的精神。」在2008年9月因肺炎惡化住院時，金壽煥就曾向主治醫師叮囑過，不要進行沒有意義的人為搶救及延命治療。在醫生的立場，其實拔掉插管更困難，畢竟對呼吸困難的病人，只要插上呼吸器就可以馬上解決問題，「我曾猶豫過，然而由於跟金主教約定過，就沒有給他插管。」

另外，金壽煥早在1990年簽屬器官捐贈書，因此過世當晚立即進行了眼球手術，將眼角膜捐贈給兩位病人。即使動過白內障手術，仍堅持為人世間留下最後一點貢獻，這樣的舉動感動了許多人，也帶動了韓國器官捐贈的風氣。據統計，平時在網路上遞交捐贈書的人數不超過20位，然而受到金壽煥樞機的啟發，僅2月19日一天就超多了四百人；「愛的器官捐贈運動」首爾本部表示，平常打來表明捐贈意願的不到十人，但受

金壽煥遺愛人間的正面影響，一天內接到近三十通電話，直接在明洞聖堂前遞交器官捐贈書的人數也大幅增加。很多人都認為：「多虧了樞機主教，才讓我了解到不管是老弱還是病患，都可以進行器官捐贈。」

　　相較於因為既得利益者多而偏保守的韓國基督教，韓國天主教較為入世，與弱勢站在同一邊。因為韓國天主教在朝鮮末期多次受難的歷史，加上金壽煥樞機處於韓國高壓獨裁政權的時代，所以韓國天主教較保護弱勢及勞工、學生及女性，每每街頭示威，皆可看到神父及修女的身影，包括2016年底的燭光示威，也可見修女上街的場景。戰後韓國基督教人數快速增加，因此很多人誤會韓國天主教徒並不多。其實，韓國天主教在近二十年教徒快速增加，從1985年的186萬人到現今的600萬名，相當於韓國人口數12%，其中很大的功勞都來自金壽煥樞機「入世」、「濟民」的領導方向。韓裔神父Paul Lee接受美國國家天主教訪問時提到：「很多新皈依的天主教徒來自高教育程度、年輕、專業族群，因為教會長期強力、堅定的支持窮人、受壓迫者和勞工。讓教會享有極高的社會聲望。」

　　2014年是金壽煥樞機逝世五周年，「一心一體運動」在明洞舉辦了「2014撒播希望之芽」的生命分享活動，透過照片及影像回顧了金壽煥貫徹一生的奉獻精神與實踐。直至今日，金壽煥樞機仍為人稱頌。作為一名神職人員，致力於傳播福音，並將天主教中的人權觀念，積極實踐於韓國這塊土地；即使遇到政治的黑暗時期，也不畏獨裁勢力，總是站在最前線保護

弱勢，堅持捍衛民主，在最艱難的時刻，化身為人民的精神導師；每當政治時局動盪，總是令人不禁緬懷思念。

趙鏞基

　　1936年2月14日，他在慶尚南道蔚州郡三南邑橋東里出生，蔚州郡今日已成為蔚山廣域市的一部分。趙鏞基是五個兄弟和四個姐妹中最大的一個。初中成績優秀，但因父親生意破產，只好進入便宜的職業學校釜山工業高中，在那時，他開始常去學校附近的一個美軍基地，從他的士兵朋友那裡學習英語，他是個聰明的學生，很快掌握了英語，成為美軍基地指揮官和校長的翻譯。

　　趙家原是佛教徒，17歲時他得了嚴重的肺結核，被醫師宣判，生命只剩三個月。在吐血等候死亡的邊緣，有個女學生向他傳福音，他決定抓住這個福音、抓住神。當他讀到聖經的福音書，產生一個念頭：「若是根據聖經，我也可以活下去！」他禱告：「若神醫治我，我要成為牧師，做神的工作。」

　　當他的病得到醫治後，心中產生懷疑：「也許因為病快要好了，所以身體才痊癒，因為我命中註定會痊癒。也許因為我有了宗教信仰，心裡有了平安，所以病就痊癒了。」於是他放下從前要成為牧師的感動，繼續研讀醫學。兩年後，他又開始吐血，這時，他才確信，醫治他的便是耶穌，對他而言，這是

一次重要的經歷，因此，他認罪悔改，到首爾唸神學院。

1956年，趙鏞基得到獎學金到首爾純福音神學校研究神學。在那裡他遇到了一位年長的同學，叫崔子實，她只比趙鏞基的母親小一歲，以四十一歲的年紀成為一年級新生。她十分用功，任何課業都做得又認真又好。老師常拿她作為同學的榜樣，要大家向她看齊。這位年長的神學院同學，日後成為影響趙鏞基後半生極深的人。趙鏞基後來娶了崔女士的女兒金聖惠小姐，崔子實女士就成為他的岳母，不僅如此，崔子實女士也是他信仰上帝的屬靈母親和建立教會的夥伴

1958年5月18日，趙鏞基在崔子實大棗洞家的客廳舉行第一次禮拜，雖然當時只有崔子實和她的三個孩子參加了禮拜，但這個教會迅速增長，很快達到50人。趙鏞基牧師以耶穌十架寶血的福音為基礎，來傳講「重生、聖靈充滿、醫治、祝福和耶穌再來」五重福音，與凡事興盛、身體健壯、靈魂興盛的「三重祝福」信息，靠聖靈治病，大受歡迎。

他們開始挨家挨戶叩門邀請人來到教會，肺結核患者、沮喪無望的人、偷竊者、兒童等，都抱著姑且一試的心情來參加聚會，有些病人嚴重得當眾吐痰嘔血，崔子實牧師煮了一大鍋玉蜀黍給他們吃，安慰他們、為他們禱告。漸漸地進教會的人越來越多，3年內人數增長到1000人，帳篷教會一再擴建，1961年，教會決定在西大門買地。1月份，趙鏞基被大韓民國國軍徵召入伍，教會的擴張受到阻礙，他請美國傳教士釜山的赫司頓牧養他的會眾。然而，他的軍中生涯很短，幾個月後，

他就因脫腸動大手術從部隊轉役。

趙鏞基退伍後不顧疾病，再次擔任牧師工作，1962年4月，趙鏞基被正式按立為牧師，5月份教會改名為「純福音中央教會」。教會迅速成長，1964年達到3萬人。按立為牧師後，他工作得比以往更勤奮，經常工作過度。每周日要分四堂主日崇拜，有一天，他為人施洗達兩小時，又幫一位外籍講員翻譯，輪到他講道時，突然昏倒在台上，醫生建議他改行或長期休息，住院一星期後，醫生不同意他出院，但他卻說服幾位執事，把他從醫院接到教會講道，然而抬上講台後，只講了八分鐘又昏倒了。1965年3月1日，他和崔子實的女兒金聖惠女士結婚，這時他29歲，金聖惠23歲，金聖惠畢業於韓國梨花女子大學，在音樂上的造詣極深。婚後一年，他們的大兒子希埈出生了。

趙鏞基繼續努力工作的同時，認識到工作不能只由一個人承擔，於是開始嘗試發展家庭小組，開始訓練小組長，每週帶領禮拜和在家研讀聖經。鼓勵小組長培育下一個領袖，當小組達到一定人數時，他就可以帶領一半成員去成立新的小組。實行家庭小組的方法取得驚人樂觀的成功，1968年，教會人數達到8萬，因原先的會堂已經不敷使用，他決定在首爾漢江中的汝矣島購買一塊較大的土地，雖然那個時候汝矣島還是小小荒島，但趙鏞基因著聖靈在環境當中的帶領和驗證，看中這裡的發展潛力。之後首爾代理市長決定發展汝矣島，計劃把一些政府機構和公司搬到那裡，這裡成了理想的中心地點。

　　興建汝矣島會堂約需要兩百五十萬美金，趙鏞基卻有從神而來的信心不向銀行借貸。那段時期，召開長老會議、執事會時，總是受到質疑，趙鏞基決定和妻子商量，從自己的家庭做起，但房子是妻子的，兩個孩子尚年幼，有一天，金聖惠默默地把房屋所有權交給了他，她哭泣著，全身顫抖不已，她說這房子是神賜給他們的，現在她也願意把一切都獻還給神。

　　建堂期間，正逢韓國全面向現代化邁進，漢江上架起了橋梁，遍及全國的捷運系統，像大動脈般朝四面八方延伸出去。當時遭逢石油危機，包商毀約要求增加建築費、銀行拒絕巨額貸款，會友們也紛紛失業，種種讓他面臨著巨大困境，建築公司準備控告趙鏞基，因為他付不出追加費用，教會積欠了電力公司、污物處理公司、營造商費用，他的桌子總是堆滿了賬單。

　　那時紛紛有長老說：「我早就預料到會有這樣的下場。」會友們也開始抱怨、離開。趙鏞基僅能禱告呼求神，他禱告說：「父啊！原諒我的一意孤行，我所犯的最大錯誤是把綜合大樓加進去。」太太曾經勸阻他這麼做，但他沒有接受。下個禮拜日，趙鏞基在教會當眾承認了自己的剛愎自用，每個人都彼此認罪，神蹟開始又在他們當中發生了！

　　大家積極參與禱告會，為工程向神感謝，每個人盡自己所能為建堂奉獻，聚沙成塔，在大家的合作下，付清了貸款，大教堂在大眾同心協力下最後終於完成了。1974年教會的會友人數達到兩萬三千人，崔子實牧師開拓了禱告山，成為每年從世

界各地湧來的基督徒禁食禱告的聖地，到了1980年會友人數突破十萬人。

　　1953年，趙鏞基建立韓世大學，韓世大學是位於韓國京畿道的一所綜合性大學，以特色化、全球化、信息化為目標，並以基督教信仰和學術兼備的全面型教育為辦學目標。1976年11月，趙鏞基建立國際教會成長研究院，投身於教導福音原理和全世界教會牧師成長。1986年1月，他發起建立「以琳福祉城」，為無家可歸和失業的的老人、青年人提供就業訓練，並協助他們獲得工作機會。2000年3月，他創立「趙鏞基佈道會」，並因精通英語、日語、漢語等，到各個國家講道，積極投身國際宣教事工。

　　「要有成功的心志及意念，要勇於接受新的思想。」「一個人如果能接受基督和祂的愛，那個人可以成為更有創造力、更積極、結更多果子、更有進取心和喜歡心的人。」這是今天趙牧師常強調的積極思想信念。汝矣島純福音教會主任牧師李永勳，分析趙鏞基牧師牧會的成功關鍵，「就是『希望牧會』。韓國經過日本殖民統治及慘絕人寰的南北韓戰爭，舉國落入極度絕望和挫折之中，那時趙鏞基牧師藉由推動聖靈運動及傳遞『絕對盼望』的信息，開出了一條活路，帶領基督徒靠著耶穌的十架救恩與祝福活出豐盛的生命。這正是汝矣島純福音教會帶來爆炸性復興與成長的主要關鍵。」

　　趙鏞基在牧會過程中仍然遇到許多的不容易，2002年，他被質疑利用職權，使純福音教會以高於市價的價格，購入長子

趙希埈公司持有的股票，2014年，被誣陷涉入瀆職和貪汙130億韓元，而趙鏞基在一次的主日禮拜中回應，公開承認錯誤並下跪道歉，表示為子所累，司法調查時，教會中有1千多位長老為他辯護清白，友人為他平反「長子趙希埈才是詐騙教會主導者」。

　　趙牧師有過人的勤奮和事奉熱誠，他的佈道恩賜、管理能力和禱告付出，韓國人家喻戶曉，然而2009年正式退休不到5年，長子多年來不光明的傳聞，終於有了法律制裁的了斷，雖然趙牧師在財務清廉、權力下放和保守家庭的3個方面，受了傷害蒙受虧損，但不能否認的是，他確實為韓國基督信仰和韓國社會帶來正面和盼望的影響。

篇五　企業鉅子

金性洙

　　金性洙，字判錫，號仁村，1891.10.11全羅北道高敞郡出生，在扶安郡茁浦漁港長大，是性理學大家金麟厚的子孫。他有位富翁伯父沒有兒子，便收他做養子。從小父母就讓他學習兩班貴族禮儀和漢文，還在私塾學習中國經典、歷史、儒學和性理學等，生性勤學。金性洙在13歲時，年紀輕輕便結了婚，他的岳父是一位地主官僚，他開始透過岳父學習日語和西方文化。

　　在西方文明影響之下，他相信朝鮮滅亡且被日本殖民的原因是無知，進而認為自己必須先去學習，才能回到祖國啟蒙他人。於是，在他的第一個兒子出生那年，不顧家人反對，他隻身前往日本早稻田大學經濟學部求學。大學過程中，他參與許多政治演講，受甘地非暴力抵抗主義影響甚深，甚至還支援其他處境較困難的留學生支付學費。

　　畢業歸國後，他不惜絕食以獲取家中的經濟支持，讓他能前往首爾設立私立中學。他初次試圖成立私立學校，馬上被朝鮮總督府拒絕，但他還是繼續和留學時的同學一起蒐集教育材料，再次推動成立私立白山學校卻再度沒有獲准。這時，陷入經營困難的中央學會將中央學校交給他運營。他的父母認為這

個投資風險太高，只有他的伯父支持。好不容易說服父母，他終於獲得經營權並擔任中央高等普通學校校長。

受到韓國民族獨立之父安昌浩影響，金性洙從事教育啟蒙活動的主張是培養實力、實現獨立，還成立獎學事業，支援有困難的學生，也非常關心體育活動。他先後還在普成專門學校遭逢財政困難時出資幫忙且就任校長，並在光復改制成高麗大學後，辭任校長，成為理事；也擔任梨花女大財團的理事，還參與三一運動後的私立大學成立運動，為教育慷慨付出。

在日帝強佔期，韓國知識分子深受甘地經濟自立運動影響，觸發了民族產業的國內資本培育計畫。當時，日本紡織品進口增加，韓國紡織品幾乎消失。在地方知名人士建議下，金性洙設立京城紡織，成為歷史上第一個在韓國創立紡織公司的韓國人。京城紡織經營初期遇到許多困難，他都二話不說地自掏腰包補足虧損，後來他的妹妹參與經營才有所改善。

在戰亂當時，外國媒體廣傳世界局勢變動以及西方思想，使金性洙發現擁有國內民營媒體的必要性。他開始在首爾宣傳，尋找理念一致的創刊股東和發起人，最終和梁起鐸、柳瑾、張德秀等人成立「東亞日報」。東亞日報創刊後曾相當活躍，尤其當時才20多歲的金性洙竟是發起人代表，令人震驚。民族改良主義是東亞日報的理念骨幹，但東亞日報創刊以來，朝鮮總督府不斷有扣押、刪除文章、禁止發行、無限期停刊等制壓行為，金性洙並沒有放棄。後來受到基督教傳教士的農村啟蒙運動影響，他進到農村支持文盲啟蒙教化工作，轉而以東

亞日報為中心，推動左派的「到群眾中去」運動。在一次次的
當局壓迫中，金性洙雖付給東亞日報眾多被強制解雇的職員生
活費維生，能復職的復職，不能復職則推薦其他工作，但仍有
不少被解雇的職員對他仇恨報復。第二次世界大戰爆發後，東
亞日報被迫停刊，金性洙也被強迫回到故鄉隱居直到光復。

　　金性洙一邊經營京城紡織，同時也參與許多社會運動。
受到民族自決風潮影響，他和東京朝鮮人聯繫，參與擬定獨立
宣言，秘密為推動獨立運動做準備。還提供私宅給獨立志士籌
備三一運動，也因有參與三一運動之嫌被判刑後來假釋。他更
投入為開闢經濟自給自足道路的物產獎勵運動、國產品愛用運
動、民族實力養成運動等等，為社會與人民的進步努力。

　　光復以後，金性洙參與眾多政治運動。像是為了反對解放
初期美軍政府接管南朝鮮所展開的信託統治反對運動，以及反
對為解決南北朝鮮託管問題成立的美蘇共同委員會而起的運動
等等。當時，他與同是留日派的宋鎮禹、張德秀等人，形成一
個有「金性洙系列」呼稱的政治集團。他以這樣的力量，創建
韓國解放以後具代表性的右翼政黨「韓國民主黨」。在韓民黨
首任主席宋鎮禹被暗殺後，他繼任主席。在美國宣布杜魯門主
義後，他更以韓民黨主席的身分發電報稱讚，自此之後韓民黨
和美軍政府的合作頻率增加許多。

　　1948年大韓民國政府正式成立前，最後一個李承晚臨時
政府中金九擔任副主席，推選金性洙參與臨時政府國務委員補
選，讓他一同參與大韓民國政府的成立事宜。他的政治信念

是，韓民黨和金九的韓國獨立黨必須團結，因此希望促進韓民黨和韓獨黨合併，但因立場有所差異最終決裂，甚至在美軍政府報告中寫道金九曾策劃暗殺他但失敗收場。當時他認為朝鮮時代的儒家價值觀和權威主義可能使人民或掌權者仍將總統視為皇帝，因此總統制對大韓民國來說還太早，內閣責任制才是最理想的政治制度。這個說法受到很多人的反對，李承晚也不認同，但仍然是韓民黨的信念之一。

在大韓民國政府成立之時，很多人認為他會被任命為首任國務總理，但李承晚卻內定他人為國務總理。後來，他和李甲成、咸台永競選大韓民國副總統，最終以3票險勝李甲成，在1951年5月到1952年8月擔任第二屆副總統。但在任期內，他與李承晚之間有許多矛盾，尤其在李承晚想透過修憲改成總統直選制以獲取連任而引發釜山政治風波時，與之意見不合而辭任。當時政府當局發表的修憲案被國會否決，當局憤而解散國會，試圖脅迫民意。金性洙和其他眾多志士宣布反獨裁救國，但最後宣告失敗。

於是，他開始參與反對李承晚長期執政的護憲同志會。在先前推動在野黨結合時，韓民黨結合另外兩黨改組為民主國民黨，而後民主國民黨成為反對李承晚政權的主要支柱。金性洙以民主國民黨為中心，統合其他反對黨，合併改組成民主黨，成功達成在野黨統合。但當他從第一線退下後，就因多種疾病臥病在床，在1955.2.18因心肌炎惡化病逝，死後他被追敘大韓民國建國勳章。

　　對於金性洙，大韓民國前任總統金大中讚許他運營許多教育機構，在日帝強佔期培養眾多高級人才，累積民族的力量；還創立京城紡織及東亞日報，充實近代產業規模，讓南韓擁有現代的紡織工業與媒體機構，對社會有很大的貢獻，是偉大的民族先驅。

　　他即使不斷與當權者不合，仍堅持自己的主張，為國著想，不與掌權者爭執促使政治鬥爭更火熱，是位非政治性的政治領導人。但是也有人因他在推動物產獎勵等運動遲遲不進而對他抱持負面評價，他的自治運動方向、民族改良主義路線也受到批評質疑，還有人指稱他和妹妹在中國的紡織公司有剝削工人的行徑。

　　近年來，他的親日行為與追回建國勳章等爭議鬧得沸沸揚揚。金性洙在2002年後被列入多份親日派名單當中。殖民當時，一切民族實力培養運動受到迫害，想進行合法活動需經過重重關卡與監視，東亞日報還受日章太陽旗抹消事件影響而停刊。復刊後，東亞日報上開始出現許多美化日軍侵略或是徵召志願兵的報導文章。他更為了透過電台廣播時局演說，以京城紡織名義捐助國防捐獻給朝鮮總督府，甚至在當時朝鮮總督的信函中，記有「紡織公司的特殊照顧」等相關事實，因此讓眾人懷疑他是親日派，但是他這些行為是為時局所逼還是自願，眾說紛紜。至今，仍有許多抗議者推動拆除金性洙銅像等杯葛他的行動，是否追回他的建國勳章也引起討論，他可算是近代極具爭議性的人物之一。

李秉喆

　　李秉喆，號湖巖，生於1910年，是三星集團的創辦人。無論世人對他的評價如何，不可否認的是，他的確是一位難得一見的經營鬼才，他一手扶植三星集團成長，從一家簡單的碾米廠開始，到如今是一個佔韓國整體GDP將近23%的大財閥企業。這樣的成功事出有因，李秉喆主要靠著幾個理念來領導如此龐大的一個集團：「第一主義」、「培養人才」、「事業報國」。

　　任何事情只要他下定決心要做，就要做到最大、最多、最好，擁有如此不落人後的上進心與決心，這是「第一主義」。「用人勿疑，疑人勿用」，三星重用人才，也只用最好的人才，選定人選之後，李秉喆更是大膽將細節決策全權交給主管下屬做決定，自己則是決定影響較大的決策方向。另外，三星也是擁有韓國國內最完整員工培訓制度的公司，從所學的專業或職業所需之訓練到西餐禮儀、外語課程等訓練，應有盡有。如此的信任與培訓系統，讓三星成為最韓國最頂尖人才的搖籃，也給予適當的位置讓這些人才發揮所長，為公司也為國家盡一份心，公司為國家與國民帶來繁榮與大量財富，公司也視

國家發展的需求發展新事業，這就是三星所重視得「人才培養」與「事業報國」。這三個重要之理念推動著李秉喆和三星集團，一步步發展，走到了今天的規模。

李秉喆出身慶尚道首富之儒學世家，自先祖父開始即是知名儒士，而李秉喆經營三星集團的理念與方法，也深受儒學觀念影響。受此家庭背景的影響，李秉喆自小便在私塾學習四書五經，此後也在日本學校就讀，在大學時期甚至遠赴日本早稻田大學求學，但有趣的是，李秉喆並沒有完成任何一個階段的學習。在大學時期於日本生了重病的李秉喆在輟學返鄉渾渾噩噩過了幾年後，決心利用當時父親所給他的財產創業，便和友人於馬山建立了碾米廠。

「覆巢之下無完卵」是李秉喆於日本殖民時期的朝鮮所體會到的，沒有國就沒有家，因此，獻身事業的李秉喆也不斷地在思考該如何用事業來幫助朝鮮人民，並使國家富強。由李秉喆所創立的碾米廠，結合後來發展出來的貨運公司，以較優惠的米價，造福了長期為日本所控制之高米價所苦的當地民眾，也成功地獲得了他的第一筆財富，在運用資金做更多土地投資後，進而成為了當地知名的大地主。

然而，人算不如天算，這短暫的成就在日本發動蘆溝橋事變後便化成烏有，日本政府宣布銀行一律停止一切貸款業務，李秉喆的土地無法再透過銀行進行貸款與融資，後來甚至將碾米廠與貨運公司賣出轉讓給他人。此時，貌似跌落谷底的李秉喆並不因此而自暴自棄，他記取了此次失敗的經驗，學習到

「經營事業也必須會洞察國內外情勢」、「保持敏銳的觀察力與決策力」等知識，於半年後東山再起，於大邱成立了以經營中韓貿易為主的「三星商會」，而這也就是現今三星集團的母體。

三星商會在李秉喆的領導下穩定的成長，後來，李秉喆進而轉投資釀酒廠，其間歷經第二次世界大戰日本戰敗投降、韓國光復、美軍進駐韓國等動盪，雖歷經動盪，但這一切的經歷也讓李秉喆更加確信自己有責任與能力報效國家、使國家富強，李秉喆認為，這是每個人的責任，責無旁貸，也因此，看到戰後的韓國物資缺乏，李秉喆成立「三星物產公司」，進行外銷與進口貿易，而在韓戰後開始發展的「第一製糖」、「第一毛織」公司，則是試著帶領韓國由「進口替代」來解決當時韓國民生物資缺乏的問題。對國家抱負與開發的新事業，發展也受當時的韓國政府重視，時任總統李承晚在視察工廠時，便為「第一毛織」揮毫提寫了「衣披蒼生」四字。

韓戰後的韓國極度缺乏發展農業上急需的肥料，當時的肥料大多由國外進口，為當時韓國外匯的一大損失，看到了國家發展的需要，李秉喆決心為韓國建造一座極具規模的化肥廠，於是他開始奔走各國尋求資金。然而，在即將成功之際，韓國國內傳出朴正熙的軍事政變，各國資金不敢貿然進入韓國，而當時的政府也以非法斂財的名義控告李秉喆，直指李秉喆逃漏稅，對此，李秉喆則是對政府的稅制規範不合理表達不滿與抗議，在繳納完高額罰金後，對事業心灰意冷的李秉喆便離開韓

國前往東京。

　　1961年，時任韓國陸軍將領朴正熙掌權後，便對各大企業以非法斂財的罪名進行拘捕與通緝，李秉喆亦為其中一員。在經過數度交涉後，李秉喆同意回到韓國與朴正熙見面會談，對經濟發展頗有興趣的朴正熙接受了李秉喆的經濟建言，把重罰改為「命令投資」，也邀請他重啟興建肥料廠的計畫，然而，此次在化肥廠完工之際，又傳出了三星集團的糖精走私案，在未經政府的許可下，將進口化學原料賣出，在運行時被海關查獲。此則新聞當時傳得沸沸揚揚，迫於輿論壓力與無奈，後來在協助化肥廠完工後，李秉喆宣布將一半股份上繳於政府，以示清白與決心。

　　化肥廠的成功有效地幫助了韓國農業的進展，有了農業穩定的基礎後，三星集團進而開始發展重工業，成立如「三星造船」、「三星石化」、「三星工程」等公司。期間也開始經營飯店業，如今的「新羅大飯店」、百貨業如「新世界百貨」、電子業如「三星電子」、新聞出版業如「中央日報」、出版業如「三星文庫」等等，生活所需之產品與服務，無不涉及。在事業如火如荼開展的同時，李秉喆卻在1976被診斷出罹患胃癌，然而，這並沒有停止李秉喆對事業的熱情，在短暫的修養與手術療程之後，李秉喆很快又投入工作。

　　1974年，李秉喆成立三星半導體公司，開始致力於研發半導體技術，在平板與智慧性手機尚未普及的年代，李秉喆便利用他的觀察力與敏銳度察覺到半導體在未來所扮演「產業糧

源」的重要角色，並積極培養相關產業所需的人才，如此的努力讓三星的產值甚至一度超過英特爾，達到產值全球第一的成就。李秉喆與他所帶領的三星集團，作為經濟領導者的角色，一步一步將韓國推向成為領先全球的工業化國家。

1986年，在三星集團首次進入美國《財星》雜誌全球50大企業的隔年，李秉喆確診肺癌，經過積極求醫治療後，最後在1987年病逝，享年78歲。

除了發展事業以外，李秉喆也致力於推動文化教育。1965年，他將自己的財產捐贈出來成立「三星基金會」，設立獎學金，希望能藉此幫助經濟有困難的年輕學子，也藉此推展「道義文化」，培養韓國人的愛國心、忠信、服務等基本道義精神。前面所提到「中央日報」、「三星文庫」，和後來三星所接收的「成均館大學」與「湖巖美術館」等等，都是為此而成立的。

李秉喆對韓國的貢獻是不容置疑的，然而，在三星成立至今將近八十年間，韓國人對三星也逐漸產生了懷疑。在經過長年的發展，百貨式壟斷國家經濟的三星，已變成了抹滅年輕人希望的罪魁禍首，年輕人就算再如何努力都無法出頭，沒有創新與發展的空間，因為所有的一切，都被財閥所佔據。韓國的大公司多有政府大力支持而扶植出來的，政商勾結已成了慣例，但在2017年2月28日，三星第三代傳人兼副會長李在鎔因捲入與南韓總統朴槿惠的貪腐醜聞相關的收賄案而被韓國特檢組起訴。撐起南韓經濟，叱吒風雲的三星何以變成現今韓國人

埋怨的對象，又另牽涉種種政治醜聞？韓國人既尊敬三星對國家的貢獻，又痛恨這個集團對這國家經濟的壟斷與掌控。亦正亦邪，又富有爭議性，這就是現在的三星集團。

回顧李秉喆一生的努力與奮鬥，三星得來不易，但沒有了李秉喆的帶領，李秉喆的兒孫們該如何維持這韓國的榮耀，三星該如何轉型成為符合時代需要的公司？韓國人是否還需要如過去一樣在經濟與生活上如此依賴三星集團？李秉喆已逝，如今的三星是他理想與志業的延續，那些精神值得我們學習，但三星與韓國經濟的未來會如何發展？是個值得深深思考與探究的問題。

鄭周永

　　韓國著名企業家現代集團創始人鄭周永，1915年出生於韓國江原道峨山村的貧苦農民家庭，為家中長子。年輕時靠著白手起家逐步建立現代集團王國，從米店經營、汽車修理、建築業、汽車製造到造船事業，一步一腳印地擴展事業版圖，成為成功的企業家。一生除了開創個人事業外，對於國家貢獻、政治外交、公益事業亦不遺餘力。

　　從小就開始幫忙家中務農，有六個弟弟、兩個妹妹，由於是長子，背負父親對他接管家中農業工作及照顧弟妹的責任；在這樣的情況下鄭周永不得不放棄自己想唸書、當老師的夢想。然而，大城市充滿的機會產生極大的吸引力，讓他不惜先後離家出走三次，卻都以失敗告終。在1934年時，家鄉遭遇大旱災，收成不理想外、開始有流行病，生活也非常困難，鄭周永才獲得父親許可，取得前往大城市發展的機會。

　　這次離家後，鄭周永先後做過許多份工作，苦力、短工……等等，最後在「福興商會」當米糧送貨員，勤奮的工作態度使他受到許多青睞，也在此時打工賺了不少錢來孝順父母親。更幸運的是，因米店老闆生病再加上老闆兒子不務正業，

米店老闆便將店鋪送給了鄭周永經營，這也就是屬於鄭周永的第一份事業：「京一商會」。而後，規模越做越大，看似有好的發展，卻因1937年7月7日盧溝橋事變之後，隨著中日戰爭的爆發；1939年12月，開始實行糧食配給制，被阻斷了賺錢的通路，鄭周永的事業被迫結束回到家鄉。

1940年初，鄭周永再次回到首爾，與朋友合夥買下了一個日本人經營的汽車修理廠，合夥朋友原本就瞭解汽車，因此當時經營得非常好。歷經一開始為了經營而貸款，後來發生意外大火的波折後，仍然賺取許多利潤；卻再次因為時局戰爭體制影響（太平洋戰爭爆發後），日本人於1942年頒布「企業整備令」，強制所有企業納入軍需企業之中，鄭周永的汽車修理廠被兼併後，1943年放棄了與日本人共同合作經營。

終於在1945年日本無條件投降後，戰爭告一個段落，看準了戰後的商機，鄭周永在此時期一同發展了汽車業以及建築業，而有了往後大公司的雛型，分別為「現代汽車工業社」、「現代土建社」。1950年鄭周永將現代汽車工業社和現代土建社合併成立「現代建設株式會社」，即現代建設。1950年6月，韓戰爆發，鄭周永二弟在美軍司令部擔任翻譯，透過這個機會拿到了興建美軍軍營與宿舍的業務。後來，現代建設更納入美軍第八軍團的建設隊伍之一，除了是唯一的韓國企業外，也獨攬了許多工程。1953年韓戰停戰後，大部分美軍撤往日本，現代建設開始承攬一些韓國國內的政府工程；同年，公司發生財政上的困難，在鄭周永及其弟妹賣掉房子的努力下，保

住了現代建設。當時，即使面臨破產，講求信用、如期完工的精神相當受到韓國政府讚賞，有了這樣的信任便得到許多政府工程，包括獲得豐厚利潤的漢江人行橋工程；藉由承包美軍、韓國政府工程，現代建設在這之後躋身為韓國建築界六強之一。

在現代建設開始站穩腳步後，1962年投入興建水泥廠的開發，丹陽水泥廠品牌一問世便打入國際市場，遠銷越南賺取許多利潤。在這樣的奠基下，1965年鄭周永將眼光放眼海外建築市場，11月承建泰國納特拉高速公路，成為第一間拿到海外合約的韓國建築公司；雖然在這個項目上因經驗不足、當地氣候關係後來賠了錢，但這個機會讓國際看到現代建設，為日後的海外發展打下良好的基礎。1970年代初期，中東戰爭引發全球性的石油危機，世界經濟普遍低落，鄭周永卻認為是一個絕佳時機來開拓國際市場，甚至啟動中東計畫、建設四大工程，包括巴林造船廠、沙烏地阿拉伯海軍基地海上工程、伊朗造船廠及中東新水泥廠；中東戰爭造成的石油危機，卻成為現代建設的轉機，國內部份則發展了連接首爾及釜山的京釜高速公路，之後更建了昭陽水庫。

另外現代集團重要的企業還有「現代汽車」及「現代重工」。早年鄭周永開汽車修理廠便開始結下他跟汽車的緣分，一開始美國的福特汽車在韓尋找合作夥伴，鄭周永便積極爭取，還註冊了「現代汽車株式會社」，在蔚山建廠房。沒多久，兩個公司卻無法有共識，合作一小段時間後便結束關係，

這導致鄭周永決定走上國產化的道路，也因為這樣的決定使他走向成功的開始。1974年現代汽車研發了「pony車型」，得到了很好的成績，不僅內銷得好，甚至從出口南美開始陸續銷售到其他許多國家，是第一家出口韓國自產汽車的公司。

1980年代，現代汽車已成為韓國最大汽車生產商，「現代重工」則是鄭周永看重的另一個事業。他認為海上運輸是另一個發展導向，因此對於這方面也積極進行。1972年建立蔚山造船廠，1973年「現代造船株式會社」（現代重工）正式成立，僅花了27個月便建了一座造船廠及兩艘輪船，打破世界紀錄，可見其決心。1983年成為了僅次於日本的世界第二大造船國，做出了相當出色的成績。

在事業上得到非常好的成果外，也因為這樣有名望的地位、經濟實力，鄭周永曾經幫助韓國成功申辦1988年第二十四屆奧運。當時朴正熙提出申辦後不久便遭到暗殺身亡，韓國國內一時動盪不安，許多官員在這樣的情況下並不看好可以跟當時的競爭對手日本匹敵，且即使成功獲得申辦，舉辦奧運也將帶來沉重的經濟負擔。在沒有人願意接手的情況下，決定讓民間經濟人士出任申辦促進委員會會長，便找上了鄭周永，即使是不容易的使命，他仍然爽快認真得開始進行；深知韓國有經濟上的困難，他也想了許多辦法解決，像是把大學、城市現有體育館進行改建；奧運村採取先用後售，奧運結束可以將其賣給國民，他相信只要全民同心協力就有辦法成功，同時在各種外交經營上他也熱烈跟各國接洽，展現極大的誠意以及用心，

後來就在他的努力之下為韓國爭取到主辦權。

　　為國爭光外，政治外交方面鄭周永也多所參與，因其在經濟上的成功，1989年就被邀請訪問蘇聯探討西伯利亞開發的問題，當時蘇聯與韓國尚未建交，他是第一位訪問蘇聯的企業家，到隔年鄭周永總共三訪蘇聯，過沒多久兩國便建立外交關係，這樣的結果可說是鄭周永的功勞。與北韓互動方面，1989年應朝鮮勞動黨「祖國平和統一委員會」委員長許琰邀請訪問北韓，商談開發金剛山觀光園區。之後互動最著名的是1998年的「黃牛外交」，鄭周永帶著500多頭黃牛、20多輛現代汽車從板門店越過軍事分界線進入北韓，甚至跟金正日會面商討過開發事宜，開啟南北韓少數的交流。除了外交上，晚年鄭周永的其中一個重大政治參與便是「參選總統」，當時不滿盧泰愚政府的施政，他痛批盧泰愚的施政能力「在水準以下」，無法阻止勞資上漲造成公司營運成本提高，認為政府無能才自己出來參選，一度因為旗下龐大的員工支持而有廣大的迴響，但因為完全沒有從政經驗，雷聲大雨點小，後來不意外的沒有競選成功。

　　在公益方面，鄭周永身為成功的企業家也回饋許多給社會，以家鄉為名成立了「峨山財團」，當時將自己所有現代財團股份的一半捐獻到此，開設了醫療中心、提供獎學金、幫助單親家庭……等等，也長期資助高等教育，創建蔚山大學、向韓國各地大學捐贈建造大樓。

　　鄭周永過世於2001年，享年86歲。從他的一生我們可以

發現他做任何事都非常積極努力，不會有絲毫的怠惰，即使早年白手起家、經常遇到困難，但失敗後他不會氣餒反而是繼續努力，這樣努力不懈的精神幫助他闖蕩出了一番成績，另一方面可以發現的是時代背景影響他許多，早期因為戰爭（中日戰爭、韓戰）讓他不得不放棄一些事業，後來在特定的經濟背景下卻又替他製造了很好的機會（中東營建計畫），這些時運機緣造就了現在的他，而像他這樣一磚一瓦靠自己打拼事業的精神是我們值得學習的榜樣。

朴泰俊

　　朴泰俊出生於1927年，卒於2011年，他不僅是著名的企業家，也是傑出的政治家。

　　朴泰俊出生韓國慶尚南道，6歲時因為父親工作的關係，全家搬遷到日本。大學就讀於早稻田大學機械工業學科，後來第二次世界大戰結束，朴泰俊便休學回到韓國，進入南朝鮮警備士官學校（南韓陸軍官校前身）就讀。1961年，朴正熙發動「五一六」軍事政變，身為好友的朴泰俊全力支持。在之後三年間，朴泰俊一路升職到陸軍少將，但他卻感到些許厭倦。1964年，身為陸軍少將的朴泰俊毅然決然退役投身企業界。

　　1968年，在政府的政策下創建韓國首家鋼鐵企業「浦項製鐵」，使韓國躋身於鋼鐵強國之一。此外，朴泰俊對於教育也不遺餘力，1986年，他創建了浦項工科大學，培養人才。1981年他又重新踏入了政治圈，當選為韓國國會議員，之後擔任自由民主聯盟總裁，政治和企業併行。2000年，出任金大中政府的國務總理，但因為稅務糾紛的問題引起非議而辭任，在任不到半年。2011年，因積疾已久的肺病而去世。

　　身為一個政治家，朴泰俊最大的貢獻便是作為「五一六」

軍事政變的推手。「五一六」軍事政變對韓國的影響非常大，朴正熙因為此次政變，順利當上了總統，結束了尹潽善總統執政的短暫韓國第二共和，開啟了韓國的第三共和，也成為韓國執政最久的總統。朴泰俊和朴正熙兩人本來就是好友，朴泰俊受到朴正熙完全的信賴，「五一六」軍事政變之後，朴泰俊便被任命為「國家再建最高會議」主席朴正熙的秘書長，不久後還兼任「最高委員會財政經濟委員會」主席，朴泰俊成了朴正熙的左右手，也是最信任的幕僚。

在政界待久了，他發現了很多政壇的陰暗面，漸漸的厭倦了政壇，已經準備好離開政壇赴美國留學，卻臨時被朴正熙任命為與日本政府談判的秘密使者。當時日韓關係尚未正常化，韓國要求日本給予在戰爭中應得的賠款，經過十個月激烈的談判與抗爭後，日本願意提供韓國3億美元無償援助、2億美元有償援助、3億美元商業貸款。在當時這筆賠款對韓國來說是一筆不菲且重要的基金，更重要的是讓日韓的衝突漸緩。

浦項製鐵發展歷史可以說是韓國鋼鐵工業發展的縮影。在1960年代，韓國總統朴正熙親自赴美國與美國考伯斯公司洽談建設綜合製鐵的事項，於是1966年在美國成立由美國、英國、韓國、德國等七家大企業公司組成大韓國際鋼鐵貸款聯盟。在1967年的時候，朴泰俊接手鋼鐵發展工程，被朴正熙任命為籌建浦項建設的總指揮。但三年後聯盟內的許多國家卻反悔了，紛紛撤資，讓鋼鐵發展遇到了很大的資金困難。

當資金遭遇困難時，朴泰俊非常苦惱，他後來靈機一動，

把念頭動到了先前和日本索取的賠款上，但這筆資金本來不是運用在此，已經協商好要用於輔助韓國的農業和漁業成長，要轉調過來並不容易，不僅韓國方面要協調，還有日本方面。然而，經過半年艱鉅的遊說後，朴泰俊做到了，於是浦項製鐵多了一億美元作為建設基金。

在這之後工程進展非常順利，這是當時韓國最大的工程項目，國家在此投資總額非常的高，而且國家沒有類似經驗，既沒有資金也沒有技術，難度可想而知，但卻在朴泰俊的指揮下不斷創造奇蹟，原先韓國的年鋼鐵產量為二十萬噸，而建設浦項製鐵時預計是要年生產六十萬噸，但最終建設完成卻是達到了年生產百萬噸的成績，浦項製鐵成了韓國最大的鋼鐵企業，也是全世界最大的單一煉鋼廠，也因此朴泰俊被稱為「韓國現代工業之父」，可以說是當之無愧。

浦項製鐵可以如此成功，其中一個要素便是因為朴泰俊有當過大韓重石礦業公司董事長的經驗。朴泰俊在完成秘密使者的任務後，繼續規劃前往美國留學的計畫，想要盡快出國，但在1964年，他被朴正熙任命為大韓重石礦業公司董事長，那時候大韓重石礦業公司是韓國最重要的企業之一，也是國家創匯的大公司，但很弔詭的卻是長期虧損的公司。朴泰俊接手了這項工作之後，便大刀闊斧進行改革，只花了一年的時間就讓公司轉虧為盈，由此可見他卓越的經營能力，也由此可預見浦項製鐵的成功。

1993年時，朴泰俊雖由浦項製鐵會長一職退任，但浦項製

鐵仍然在朴泰俊奠基的良好基礎之上持續進步。近年來,浦項製鐵先後建設了能產出高端產品的設備,致力於提升高產品技術含量,讓企業更進一步。之後浦項製鐵還在紐約和倫敦證券市場上市。1998年時,韓國政府推動浦項私有化,最終在2000年實現民營。

朴泰俊有一個很有趣的經營理念是「洗澡品管論」,這個理論的由來,是出自於他在日本的經驗。朴泰俊曾經在日本生活了很長一段時間,有一次他在鄉下看到了一位農婦滿身泥濘的從農田做完農務走回家,先進浴室把全身的泥土、髒污清洗乾淨,才下廚煮飯,看到這個畫面後他深感震撼,並且牢牢記了下來,從此之後他把「乾淨」視為的生活哲學,也把這項哲學帶入了他的企業。他在浦項製鐵的園區裡,蓋了一座可以容納五百人洗澡的公共大浴室,希望員工都能潔身之後再上工或下班。

他認為一個人如果身心端正,他會把生活周遭都打理得乾乾淨淨、有條不紊;如果一個人生活周遭非常髒亂,那便可以推知他是一個不愛整潔的人,養成習慣後,會漸漸地生活沒有秩序和規律,做事也不會細心。這個想法成為了朴泰俊在經營的基本理念,他吹毛求疵、追求完美的個性在治理浦項製鐵時,發揮得淋漓盡致,也成為浦項製鐵成功的要素之一。

朴泰俊值得人稱道的還有他的「向右轉精神」,這種精神類似於中國俗諺所說的「不成功,變成仁」的精神。這指的是四十年前,朴泰俊曾經說過的如果製鐵廠建設失敗,就一起跳

入慶北浦項迎日灣海中自殺的精神，這種破釜沉舟、義無反顧的行事態度，也是讓浦項製鐵在短時間之內達到最好成效的因素。

另外，他也非常重視員工福利，建造了高水平的住宅區給員工居住，讓員工能夠住的舒適，生產更有效率。此外，朴泰俊對教育也展現抱負，他熱衷於教育事業，認為接受教育非常重要。為了解決員工子女的就學問題，朴泰俊甚至下達指示建設了幼兒園和中小學，讓員工子女可以就近就學，員工也能夠安心工作。朴泰俊致力於教育工作，他不只建立幼兒園和中小學，也於1986年建設了浦項工科大學，成立目的是為韓國培養尖端的理工科人才。

這所大學的特色是學生教師比例低、研究生比例高、淨學費低、住宿環境優和高品質的校園環境，其中學生教師比例低、研究生比例高可以培養更專精的人才，讓學生成為理工科方面的翹楚；淨學費低是在造福更多的學生，顧及到比較不富有的人；而住宿環境和校園環境都貫徹朴泰俊的理念，對於環境整潔和舒適都非常要求，讓整個校園都整整齊齊，也藉此培養學生擁有對凡事一絲不苟的習慣。浦項工科大學也很快的成為韓國著名的理工科大學，由此可見朴泰俊的經營手腕，在各方面都可以經營出很棒的成績。

朴泰俊一生都在政治與經營企業中度過，對政治造成很大的影響，也成就了許多企業。他一生努力拚搏，卻在晚年卻麻煩事纏身，因涉嫌違反稅務法而遭到搜查，擔任金大中政府

的國務總理時，還因為輿論壓力而辭退職位。但事實上，朴泰俊被政府搜查的時候，被發現家裡除了家具和少許貴重物品以外，沒有甚麼值錢的東西。

2011年朴泰俊去世時，韓國產業界都以各種方式表達了對這位傳奇人物的緬懷和悼念之情。朴泰俊雖然身為著名企業家和政治人物，卻沒有什麼個人資產，甚至在最後病危住院接受治療之際，居然難以用個人資產繳納費用。他是將韓國鋼鐵產業拉升到全球水平的功臣，名下卻沒有一處房產或是股票，足見一心為國和對國家忠誠的特質。

「強大的經營能力」、「追求完美的個性」和「對國家奉獻的心」大概是能夠為朴泰俊一生做下的三個最好的註解。

篇六　文人作家

崔致遠

　　崔致遠（857~?）是鑽研儒、佛、道甚深的學者，也是位卓越的作家，他主張統合儒、佛、仙的思想，並且留下許多詩文著作，對韓國的漢文學有極大的貢獻。但是受限於身分制度的障礙，使他無法如願在現實政治展現長才，而懷抱著高度挫折消失於歷史的暗流裡。雖然他的學問與文章得到很高的評價，但是處於朝代末世卻給他帶來不幸的際遇。他被譽為「新羅第一才子」。

　　西元868年某日，十二歲的崔致遠出發去唐朝留學，他父親告訴他：「十年不第，即非吾子也。」也就是說，苦讀十年之後，如果不能及第，就不要跟人說你是我兒子；我也不會承認有這個兒子。去用功念書吧！父親對這個要出遠門留學的孩子，給了他這麼嚴厲的囑咐，讓崔致遠終於能以學問與文章成名，不過崔氏家人與子孫儘管以他自豪，但他只能當到「六頭品」的地方官。

　　崔致遠從四歲開始學習詩書，十歲時已讀過四書三經，雖然這個兒子資質聰穎，但是父親很清楚，在新羅，他兒子的才能很難發揮。崔致遠出身新羅六頭品的家庭，在嚴格實施「骨

品制度」的新羅社會，六頭品即使能力再強，在新羅的十七官等之中，六頭品不能做到「阿飡」以上的官職。在骨品身分制度的框限下，無法如願發揮才能的六頭品人，只好選擇到唐朝留學。光是837年一年當中，就有216名新羅留學生到唐朝，當時的熱潮也由此可見。

崔致遠踏上留學之路以後，他的覺悟也不遜於父親。「為了驅除瞌睡蟲，我用髮髻吊住頭髮，用針刺股肉。別人用功一百，我用功一千。」用功讀書的程度，令人刮目相看。就在六年之後的874年，他以十八歲之齡通過了「賓貢科」，他不僅合格而且是狀元。賓貢科是唐朝為外國考生所設的科舉考試，考試合格的話，不僅可以在唐朝擔任官職，回國後也是出頭的保障。

科舉合格兩年後，876年他得到第一個官職，被任命為唐朝宣州漂水「縣尉」，後來被任命為「淮南節度使」，然後在高駢的推薦下，出任「館驛巡官」比較高的官職。這時發生了「黃巢之亂」，黃巢佔領了長安之後自稱皇帝，高駢討伐黃巢時，提拔崔致遠為從事官，負責書記的工作。

當時他最著名的作品，就是「討黃巢檄文」，據說讓黃巢讀了大受震驚而癱坐在地上。所以黃巢不是被刀劍所擊退，而是被崔致遠的文章所打敗，唐朝的中國人都對這位新羅的才子嘖嘖稱奇。從此，也就讓崔致遠的「文名」遠播。平息黃巢之亂以後，唐朝皇帝特別賜給崔致遠「紫金魚袋」，那是對五品以上的高官下賜的紅包，也就是崔致遠的能力，也得到了唐朝

皇帝的肯定。

　　崔致遠追隨高駢時，就已經開始著書立說。他為公為私寫的文章，從表、狀、檄、委曲、舉牒、祭文、疏啟狀、雜書等共一萬多篇，回國後再加以精選，出版了二十卷的《桂苑筆耕》。

　　在唐朝當官滯留十七年之後，崔致遠因為思念父母，決心返回新羅。他帶著唐僖宗的詔書回國時才二十八歲。新羅國王憲康王任命他為「侍讀兼翰林學士」，由他負責新羅國呈給唐朝的表文，康憲王對留學中國的人才非常重視，留在朝廷讓他們貢獻所長，所以對崔致遠的期待也很大。

　　但是隔年七月，憲康王駕崩，崔致遠於是被外派到大山郡當太守。《三國史記》對他被派外職的理由解釋說，崔致遠「自以西學多所得，及來將行己志。而衰季多疑忌，不能容。」（崔自認留學唐朝，學到甚多學問，盼能依己意貢獻所學，然時值新羅衰退，時機與疑心都無法包容他。）

　　此時，新羅國力急速衰頹，地方的豪族開始登場，不僅對中央政府造成威脅，也因無法收到稅金，導致國家財政陷入困境。889年，各地農民相繼蜂起，全國陷入內亂狀態。原本懷抱報國之志的崔致遠，受限於「骨品制」的官階加上國政紊亂，只淪為遊走擔任大山郡、天嶺郡、富城郡等地方的太守。

　　此時，新羅並非不想改革以振興國勢，894年真聖女王收到崔致遠十多條改革的「時務策」，那是他以十多年間在中央與地方擔任官職，目睹中央真骨貴族的腐敗以及地方勢力的叛

亂，所造成的社會矛盾，而提出的改革建言，真聖女王原本有意破除「六頭品」對崔致遠的制約，提拔他到最高序位的官階，但是遭到中央貴族的抵制，以致於功敗垂成。

《三國史記》說，崔致遠此時已經不再有意仕途，於是決心逍遙自放，過隱遁的生活，在「山林之下、江海之濱，營台榭植松竹，枕籍書史，嘯詠風月。」他遍遊慶州的南山、剛州冰山、陝州清涼寺、智異山雙溪寺、釜山東萊的海雲台等地，最後帶家人隱居伽耶山海印寺，專注埋首於著述活動。崔致遠在海印寺何時辭世並不可考，不過，在908年他發表最後一篇文章「新羅壽昌郡護國城八角燈樓記」一文看來，他當年還在世。此後行蹤完全不可考，有可能放浪形骸而離世也有傳說他已成仙，不過近年有人主張，他應是自殺身亡。

崔致遠雖然在海印寺的隱居生活中離世，但是他對儒家思想所留下的先驅性的業績，被崔承老所繼承，對新興高麗國確立治國的政治理念，有莫大的影響。後來，崔致遠被認定是韓國儒學最初的道統，事實上，他的思想是統合了儒家、佛教與道教的思想。尤其，他的晚年處在政權交替的轉換期，由於他只是前朝的殘存勢力，在新時代已無法扮演主導力量，但是他卻對後繼者有了極大的影響。因此，他的門人大舉加入了新的高麗政權，而成為新的支配階層，對新興高麗的政治與社會秩序的建立，扮演了先驅的功能。

崔致遠經常以「腐儒」、「儒門末學」自稱。他認為，把「儒學」視為佛學的附屬品，或是做為帝王權威的裝飾品，那

種時代已經過了。他主張「儒學」應成為新的政治理念，並發展為否定新羅以「骨品制」界定身分的體制。

他試圖以「儒教史觀」來重新定位歷史。其中最具代表性的，就是以唐朝帝王年表的形式整理出「帝王年代曆」，過去新羅王朝前五百年國王的名稱有「居西干」、「次次雄」、「尼師今」、「麻立干」等，讓後人不知所云。他認為應該改稱為「王」，如此，以儒教史觀認識歷史開始，才能正確理解新羅文化。

崔致遠在「上太師侍中狀」等文章中，對「渤海國」充滿敵意，而把「渤海史」排除在三國歷史之外，並把古代史的「三韓」重作解釋，「馬韓」後來發展成高句麗，「弁韓」傳為百濟，「辰韓」則是新羅的前身。渤海國則是由高句麗的後裔所建立的。由此看來，崔致遠對古代史體系的認知，是「三韓→三國→統一新羅與渤海」，如此延續下來的。以他所處的時代氛圍，他顯然也體認到統一新羅王朝正在崩解的事實。

他在「儒學」的先驅者的角色，以及對「漢文學史」的貢獻也不容抹煞。他的漢文學是借用中國文學而形成，他開拓了新的文學形式「駢儷文體」，有別於傳統新羅文化中的「鄉歌文學」。他的許多詩文都是以「平易近雅」的風格寫成，跟當時的「晚唐詩風」也有所不同。

崔致遠始終以「儒學者」自居。不過他對佛教也相當關心，他與許多高僧都有交流，寫了不少佛教相關的文章。源自於他對「禪宗」批判「華嚴宗」的局限與矛盾而起，相當受矚

目。他替智證、朗慧、真鑑三位禪僧寫了塔碑文，其中他寫的「智證大師碑文」，簡明闡述了「新羅禪宗史」，備受後人重視，在文中他把新羅佛教史區分為三個階段，也是植基於他所處的新羅國的「末代史觀」。

除了禪宗，其實他對佛教主流的華嚴宗的關切更多，他晚年隱遁在華嚴宗的伽耶山海印寺，留下了二十多篇有關華嚴宗與海印寺的文章。其中包括：《法藏和尚傳》、《浮石尊者傳》、《釋順應傳》、《釋利貞傳》等。他的佛教著作中也提到「唯識學者」圓測與太賢，顯示他對新羅佛教的兩大潮流的「華嚴學」與「唯識學」都有相當的涉獵。崔致遠雖然以儒學為基礎，但他主張儒學要將佛教與道教統合，互相包容與調和，做為韓國思想的固有傳統。

崔致遠辭世後，1020年（高麗顯宗11年）贈賜他「內史令」，隔年又追諡為「文昌侯」，並供奉在文廟。直到朝鮮時代，各地方的書院仍以儒學大師祀奉他，顯示對他的崇高敬仰。

申師任堂

　　申師任堂（1504-1551），一個生活在十六世紀的傳奇女子，窮極一生追求君子之道，身為女性的她，奮力掙脫時代的框架，努力識字讀書，巾幗不讓鬚眉，從小就受到書香家庭的薰陶，在耳濡目染之下，她在詩文、繪畫以及書法方面嶄露頭角，耀眼的光芒閃耀了整個朝鮮中世紀。十九歲下嫁李元秀之後，將重心轉至家庭，對於孩子的家庭教育非常重視，更培養出李栗谷這樣的韓國儒學大家，在家庭和個人方面都有相當出色的成就，將每個人生的角色都做了淋漓盡致的發揮，兼備傳統女子的美德與積極自我實現的意識，被後世的韓國人尊崇為女性的典範楷模，於2009年時，她的頭像登上韓國紙幣最大面額5萬元，成為韓國歷史上第一位出現在紙鈔上的女性。她，是申師任堂。

　　家庭，是影響申師任堂人生最大的關鍵，無論是她出生長大的家庭或是她婚後和丈夫一起建立的家庭，都是形塑她不平凡一生的重要因素。

　　1504年，申師任堂生於江陵北平村，父親申命和為朝鮮建國功臣後代，出生於官宦世家，而母親龍仁李氏亦出身江陵地

方望族，外祖父李思溫是申師任堂能夠學習識文斷字最大的幕後推手，在眾外孫女之中，他選擇了才華洋溢且光芒畢露的申師任堂，讓她有機會接受教育、研習經典，而申師任堂也不辜負家族的期望，繼承了父親廣博的學識與正直的性格，同時也擁有母親溫柔敦厚、和藹慈祥的品性。

申師任堂從小便確立人生的志向，在追求聖賢之道的路上不斷自我精進，並將成聖成賢設為自己人生的目標。為自己「取堂號」這個行為便可以看出申師任堂有別於一般女性對自己人生的價值定位，在當時，取堂號對於男性而言是一件稀鬆平常的事情，但是女性擁有堂號是社會中的少數，大多是德行出眾、學問淵博或是在藝術方面有卓越成就者才能擁有。而從「師任堂」這個堂號，可以看出她對自己人生的期望以及一生所追求的目標，「師」是模仿、效仿的意思，「任」代表的是古代中國周文王的母親太任，在中國，周文王母親太任備受推崇，因為她具備學識淵博、剛正不阿與仁愛慈祥等品德，而所謂「師任」即是將周文王母親太任尊崇為老師之意，將她高尚的懿德尊為典範，但是，師任堂並不將自己的成就與努力局限於對家庭的付出與貢獻，比起家庭，她嚮往的是和太任一樣的「君子典範」，透過自我實現、追求君子之道，讓人生更加圓滿。

師任堂的生平成就主要可分成三大部分，分別為藝術、書法以及家庭教育。儒學大家李栗谷曾在書中提到母親幼時學習書畫時的情形：「母親素日裡便擅長筆墨，7歲時便能夠臨

摹安堅的畫作,所畫山水圖更是絕妙無比。而母親所畫的葡萄圖,可謂無人能及。」她最擅長葡萄圖與山水圖,而她所做的草蟲圖在朝鮮時代無人能出其右,世人評價其為「安堅之後,又一大家」。在當時還有這樣一段逸事記載:有一次師任堂受邀參加婚禮,她看見了一位夫人因為綢緞裙子被水濺到著急得不得了,探究之下,發現原來那位夫人之所以急如熱鍋上的螞蟻,是因為裙子是向別人借來的,這時,師任堂請那位夫人將身上的裙子脫下,逕自在裙子上做起畫,轉眼間,原本裙子上骯髒的水漬變成了一串串新鮮誘人的葡萄,讓圍觀的群眾不由得驚嘆連連,她對那位夫人說,把那件裙子拿到市場上賣的話應該可以掙得不少錢,足夠買一條新裙子。在當時,師任堂精湛出眾的畫藝已經家喻戶曉,所以有非常多人想買那件裙子。最後,那位夫人聽了師任堂的畫,將裙子拿到市場上賣,賺了錢、買了一條新裙子還給裙子的主人,並想將剩下的錢給師任堂,而師任堂委婉拒絕了,請那位夫人將剩下的錢拿去補貼家用。雖然只是一件小事,但足以看出師任堂葡萄圖的與眾不同以及她正直高尚的品德。

　　除了繪畫之外,師任堂在書法方面的成就也非常傑出,她擅長多種字體,受到了當時流行的王羲之行書的影響,師任堂將之與自身融合後,發展出一套獨特的「楷行書」,人們評論她的楷行書「忠於王羲之字體和古代典範,在端莊、節制中追求美與和諧。」師任堂書法作品流傳至今,共有篆書七幅、楷行書一幅、草書一幅、草書屏風六幅,現代書法家評論師任堂

的書法具有「松雪風體端莊的風貌」、「有名門之風」。

　　師任堂在十九歲與李元秀成婚，婚後共育有七個子女，婚姻生活看似幸福美滿，其實不然。李栗谷《先妣行狀》中記載一樁逸事，可以從中窺見師任堂是如何看待她的丈夫：「當時，剛來漢陽婆家並沒有多久，李元秀想要向朋友們炫耀夫人的才藝，便請求夫人作畫一幅，師任堂雖有些難堪，卻終是抵不住丈夫的催促，令婢女拿了個鍮器來，簡簡單單畫了幾筆。」師任堂之所以選擇在鍮器上作畫，而不是紙上，一方面可以達到不希望自己草蟲圖流傳到外人手上的期望，一方面又能顧全丈夫在朋友面前的面子，由此可見，師任堂心思細膩，以及李元秀和她截然不同的個性。她的丈夫李元秀成天遊手好閒，科舉連年落榜，不思進取，甚至在婚後又納酒家老闆娘權氏為妾，權氏年紀和大兒子李璿相仿，這件事對於師任堂來講是一個相當沉痛的打擊，婚後她將所有心力投注到家庭，縮衣節食寧願自己受苦，也要讓丈夫在求取功名的路上能夠無後顧之憂，萬萬沒想到換來的卻是丈夫的出軌與背叛。後來她潛心鑽研繪畫和書法，有很大一部分是為了迴避現實生活帶給她的無奈和傷害，克服婚姻不幸所帶來的痛苦，將心中的悲傷與苦痛昇華為作品中的靈感與材料。雖然婚姻帶給師任堂巨大的痛苦，但她仍靠自己的力量養育七個子女，對於七個子女來說，師任堂是慈母，也是老師，她以《孝經》和儒家經典為教育的基本教材，強調「立志」的重要，她心目中對於教育的定義並不是單純地傳授知識而已，更要在人格與言行上以身作則，

因此，她在教育孩子的過程中也不斷充實自己，陶冶自己的品格，努力成為子女們的楷模。她不是希望孩子一定都要能夠出人頭地或是位居高官，但是一定要能夠立定自己的人生目標和志向並且友愛兄弟姊妹，在師任堂的思維裡，她認為一旦確立目標，無論遇到什麼樣的困難，都能為了堅持自己的志向而產生意志力，克服困難、繼續朝目標前進。

關於師任堂當時生活情狀的直接記載，可見於其子李珥《先妣行狀》一書。書中多次提到自幼聰敏的母親，通達經典，學識淵博，讓後世人對申師任堂能有更全面性的了解。

後世人看待申師任堂，不外乎由藝術、人品德性、對家庭的貢獻與自我實現四方面著眼。雖然對師任堂的評價甚高，但皆脫離不了以「女性」角度切入的視角，韓國人尊稱她為「韓國孟母」，將她視為是賢妻良母的典範，皆是以傳統女性的美德標準與價值來觀看。2009年時，申師任堂當選為韓幣五萬元大鈔上的頭像人物，引起正反兩面的評價，來自女性界的呼聲多半抱持反對的態度，她們反對因「賢妻良母」意識而推崇師任堂成為紙鈔上的頭像，認為選用申師任堂意味著韓國現代社會仍無法跳脫傳統家庭主義中對女性期待的框架與刻板印象的禁錮，沿襲了父權主義下以男性為中心的觀看視角，並且忽視申師任堂身為一位藝術家的才華與價值，單純定義成「儒學大家李栗谷的母親」來看待她的成就與貢獻，在16世紀的文獻記載，對於師任堂的評價，均為「作為女性，繪畫手法高超」。在這場軒然大波中，美術界反而持著正面肯定的態度，美術界

人士認為，現代人觀看申師任堂應擺脫舊時的框架，對她有重新且通盤的認識，將她視為一個獨立的個體，她積極、主觀、革命性地追求自己的人生，並且透過藝術成就自我的圓滿與完善，建構了一個屬於她自己的藝術殿堂，若單純就她對韓國美術史上的貢獻與影響，得到這樣至高的殊榮與認同是實至名歸的。

　　歷來對於師任堂的評價都是積極正面的，但是現代人觀看師任堂可以從更多角度著手，抽離「偉大的母親」與「賢妻良母」的視角與定位，以全新的眼光重新審視師任堂這位卓越傑出的女性，穿越五百年的時空隔閡，理解她最初始的樣貌。

金正喜

　　說到韓國的書法，絕對不能不提朝鮮時代最著名的書法家金正喜。金正喜字元春，號秋史、阮堂，生於1786年，卒於1856年，為朝鮮四大書法家之一，他的書法獨樹一格、自成一派，被稱為「秋史體」，以出色的書法著稱之外，他同時也是有名的金石學家和詩人。

　　金正喜出生自有錢有勢的兩班貴族家庭，因此在成長過程中除了衣食無缺之外，他也比一般平民百姓有更多機會接觸文化藝術領域的事物，所以金正喜的家庭背景讓他從小就得以有豐富的資源培養深厚的文化素養。

　　他的才華在他年幼時就已經被挖掘，在他十五歲時，書法家朴齊家看見了金正喜所寫的春聯，字的一筆一畫間所透露出的才氣，於是便收金正喜為他的徒弟，金正喜從此在朴齊家門下學習。金正喜在二十四歲時科舉及第後，跟著他為官的父親造訪中國。在文治武功的乾隆的治世，當時的中國文化發展蓬勃，金正喜認識了在當地學術界佔有一席之地的翁方綱及阮元，並且拜他們為師，這兩位學者對金正喜的書法成就還有學術思想都帶來許多影響。

　　金正喜在朴齊家門下時，向朴齊家學習清朝學問，而朴齊家也曾數次訪問中國學者，受到老師影響的金正喜因此對拜訪中國十分憧憬。科舉及第後，金正喜如願以償跟隨著父親到中國朝貢，接觸多位當地學者，熟習了經學、史學、金石學等學術知識，並且向翁方綱和阮元學習考證學的學問。

　　因為老師朴齊家的牽線，金正喜剛到燕京時就拜訪了翁方綱，而當年翁方綱已經七十八歲。翁方綱因為對年紀輕輕就飽讀詩書的金正喜感到驚訝，所以不吝嗇地將自己所擁有的知識，還有書樓中的各種收藏傳授、展示給金正喜。由於翁方綱非常喜愛蘇軾，金正喜因而受到影響學習蘇軾的書法，所以金正喜的行書帶有了蘇軾的風格。因為翁方綱十分讚賞金正喜的才華與好學的精神，金正喜也對於翁方綱的教導很是感激，兩個人成為了忘年之交，即使金正喜後來回到朝鮮，兩人還是會不時的以書信還有書畫作品交流。

　　金正喜成為「實事求是」的實學派，便是受到了阮元的影響。阮元的中心思想就是「實事求是」，他主張不追求空泛的理論，而是從實際生活中可以體驗到的事物裡，追求其中的道理並且具體實踐之。阮元也是書法領域的名家，他曾撰寫《南北書派論》與《北碑南帖論》分析南北碑帖的差異，這些都是對中國書法的發展來說具有重要影響的論述。阮元致力於倡導碑學，也將自己的書法與自己對碑學的想法做結合，而改變了個人的字體風格。金正喜也如同阮元，將自己的學術思想結合書法，最後成就了他獨創的秋史體。阮元在金石學界也赫赫有

名，他深入研究並考證文字的來源，再去對應歷史淵源，他所撰寫關於金石學的文章對當時的學界有很大的影響。

金正喜身為阮元的學生，積極的學習金石考證學和碑學，最後將這些理論引進朝鮮。阮元對金正喜有很高的評價，稱他為「海東第一通儒」，意指他博學多聞又能知行合一。而金正喜最常使用「阮堂」這個字號，以彰顯他是他所尊敬的老師阮元的弟子，在金正喜的著作中也常引用阮元作品。從中國回到朝鮮後，金正喜仍不忘在中國的翁、阮兩位恩師，仍時常以書信向兩位老師討教，兩位老師也會盡力給予答覆，另外他們也時常互贈書畫作品，維持聯繫與交流。金正喜曾在《又自題小照在濟州時》提到：「覃溪云嗜古經，芸臺云不肯人云亦云。兩公之言，盡吾平生。胡為乎海天一笠，忽似元佑罪人。」其中覃溪為翁方剛的字號，芸臺則是阮元的字號，可見金正喜對兩位老師的崇敬。

金正喜拜訪中國時，中國正在流行考據學和金石學，碑學運動也相當興盛。提倡碑學運動的學者反對傳統帖學將碑文反覆地翻刻導致失真，因此他們研究秦漢以後的碑文字體，且認為碑書是書法的根本，也是書法的精華，所以必須要學習碑書才是學習正統的書法。金正喜在中國的這段日子，不僅和翁、阮等大師學習也研究碑書，並且將其所學融會貫通，為他日後各方面的成就都打下了很紮實的基礎。他還將從中國帶回的知識與思想與他的書法結合，成為他個人獨特的秋史體，可以看出與中國的交流對金正喜來說是頗為重要的一段經歷。

從中國回到朝鮮後，家族的地位加上自身的才能，讓金正喜的仕途一路順遂，曾經擔任兵曹參判與成均館大司成等職位。金正喜在青壯年時期可以說是平步青雲，但長期與金正喜家族為敵的安東金氏，多次向皇帝誣陷金正喜的父親金魯敬貪汙，導致金魯敬遭貶謫。數年之後，安東金氏家族因為忌妒在官場扶搖直上的金正喜，再度向朝廷提起金魯敬之事，導致金正喜在1840年被流放至濟州島。六十多歲時金正喜結束在濟州島三年的流放生活，好不容易回到家鄉後隔了兩年卻又被流放。金正喜的晚年過著顛沛流離的生活，最後在京畿道的果川度過餘生，並在七十一歲時辭世。

金正喜在濟州島大靜邑的一座簡陋茅廬中度過八年的流放生活，當時的濟州島是許多人文術士遭流放的地方，也作為埋葬犯人的用途，因此生活環境相當惡劣，許多維持生活的基本設施都不完備，讓金正喜被流放時飽受病痛之苦，還從此種下病根。但在這樣艱困的環境之下，金正喜反而更堅定自己的意志，勤奮的創作。傳說中金正喜在濟州島創作時磨穿了十個硯台，寫壞了上千支毛筆，透過創作，金正喜得以抒發自己遭貶時刻苦的心境，也是在濟州島的這段期間，金正喜發展出他著名的秋史體，許多他的代表作如《歲寒圖》，還有他獨創的秋史體也都是在這時誕生，達到他藝術上的巔峰。金正喜晚年致力於創作，但因為他的子女皆英年早逝，所以金正喜的作品並沒有留下來很多，非常令人感到可惜。

金正喜名聲最為遠播的成就就是他所獨創的「秋史體」。

秋史體是以漢代隸書為基礎，結合篆書和草書，又承襲自己家族家傳的書體與歷代名家的特色，變為金正喜獨具個人風格的書體。秋史體的特色是筆觸大膽有力，其中又帶有一些古拙的美感，布局不對稱卻和諧，充滿了個性卻又不失嚴謹。而他最具代表性的山水畫為《阮堂歲寒圖》，畫中是被大樹包圍的一座簡陋小屋。這種類型的畫作通常是文人用以表達自己對隱居的嚮往，而金正喜則用此畫來表示自己是因為不得已的窘況，才暫時隱居濟州島，也用以象徵他在艱困的環境中仍不忘堅定志向。金正喜將《歲寒圖》贈與他的得意門生李尚迪。金正喜在被貶的期間仍與各界文人有交流，就是透過他常往返朝鮮與清朝的弟子李尚迪。李尚迪帶著《歲寒圖》到中國，讓外界文人得知金正喜被貶的困境，許多朝鮮與清朝的文人題跋表達對此事的不滿與抗議，也給予金正喜安慰與鼓勵，後來再由李尚迪將這些文章集成冊帶給金正喜。

▲金正喜獨具個人風格的書體─秋史體（「山崇海深，遊天戲海」）

金正喜因為書法方面的成就，被譽為為書怪，以及朝鮮史上書法的最高精華。韓國學界也常將金正喜與蘇軾做比較，因為兩人都在書法上有很高的成就，又同樣在官場上受盡磨難與

貶謫之苦，金正喜也曾在畫上自題，將自己比擬為蘇軾。學術方面，在中國深入學習金石學、考證學與碑學等理論後，金正喜將這些學術理論還有一些拓本跟碑帖，從中國帶回朝鮮並大力推廣，可以說是開啟了朝鮮金石學研究的大門，進而帶動了朝鮮對碑派書法的研究。金正喜對金石學的研究也解決了朝鮮在碑學研究的許多重要問題，像是他所撰寫的《真興二碑考》考證兩座位正確被記載的朝鮮古碑，金正喜依循著殘存的碑文，完整了對這兩座古碑的紀錄，對朝鮮的碑學來說是重要的貢獻。

　　在金正喜流放歲月所待的濟州島，冬春之交可以見到滿地生氣蓬勃的水仙花，據說特別受到金正喜的喜愛，金正喜也常以水仙花比喻自己品格高潔，卻因為命運多舛而不能受到眾人賞識。而在鮮花的包圍中，金正喜展現越挫越勇的精神、揮筆弄墨的所在大靜邑保城村，現在建有紀念金正喜的「秋史館」，介紹秋史金正喜的生平，並展示他的作品，讓後人能永遠懷念這位努力突破困境留下巨作的偉大的書法家。

韓龍雲

　　韓龍雲，原名為貞玉，乳名裕天，法名龍雲，法號萬海（卍海），在他六十五年的生涯裡，同時涉獵許多相差甚遠的領域，在歷史上的定位除了是一名參與佛教改革的僧侶，也是被公認的韓國最傑出現代詩人，在政治上更是不可或缺的獨立運動家，為韓國的成功獨立建國助了一臂之力。

　　1879年2月9日出生於韓國忠清南道洪城，是家中的次子，在鄉村的環境中成長，可惜的是，孕育韓龍雲最重要的童年時期，韓國自身卻正處於政治混亂的時代，政府的貪腐，以及對百姓的不注重，導致嚴重的貧窮現象，尤其是鄉村更為盛行，在這個政治腐敗以及經濟衰弱的處境下，東學黨的出現似乎成為一股清流，它反西方、反對長久被中國文化支配等等的主張，迅速的吸引許多農民加入。

　　以下分別敘述韓龍雲先生在宗教、政治以及文學領域上的成就與影響。

　　在提到韓龍雲先生對韓國佛教改革造成的影響之前，必須先提及他最初是如何與佛教結緣，並成為一名僧侶的原因。在他的青少年時期，就已經追隨東學黨許久，更在1894年實際

參與了東學黨領導的社會革新運動（或者稱甲午農民戰爭），運動宗旨本來是為了讓朝鮮脫離外國勢力的干預，成立獨立政府，卻在運動的中期，朝鮮半島遭到日軍的占領與統治，於是目的改變為反抗日本，殊不知勢力太過懸殊，東學黨的活動都遭到打壓，活動也就因此停止，許多參加民眾都受到處決，包括韓龍雲先生的父親與哥哥，其他的人則躲至偏遠地區，而此時，韓龍雲逃亡至一間寺廟躲藏，在躲藏的期間，不改自己喜歡閱讀的習慣，研究了許多佛教經典，更在1905年於雪嶽山百潭寺出家，成為一名真正的僧侶。

年輕的他對於韓國佛教的傳道方式以及經典內容，內心有許多疑惑，尤其在1906年日本開始規定韓國宗教的傳教與佈道方式都需呈報政府並決定是否可行，以及1910年日本正式併吞朝鮮之後，寺剎令的設置，表面上是給予韓國佛教諸多權利，實際上施行結果卻是所有的寺廟都須經由政府管理，這些都對韓龍雲先生後續的作為造成非常大的影響。

從此之後，他開始對韓國佛教大膽地提出了許多主張，首先，是主張佛教必須參與現實，並藉由佈道方式改善此問題，他鼓勵僧侶們應該離開寺廟，在社會中佈道並幫助貧窮，這樣才能實質上幫助人民，達到佛教最根本的宗旨，而不是只單純的待在寺廟內傳教，也因為如此，他成為提倡「佛教大眾化」的第一人，成功的提高了佛教在朝鮮地區的普及率。第二、他提倡僧侶與尼姑的嫁娶自由，同時也是為了解決佛教過於自我封閉的問題，希望藉由開放婚姻限制，達到民眾願意信奉佛教

的目的。第三、他主張只有先對精神和生活有著領導作用的佛教進行改革，朝鮮民族的改革才能順利進行，這可以看出韓龍雲先生認為佛教改革的迫切性以及必要性，只有佛教改革順利推動，獨立運動也才有成功的可能，並且，改革的關鍵在於，能不能使佛教的義理在本質上適用於未來的文明，也就是在過去佛教的重要經典內，若是有不符合未來發展的教義或規定，則應該直接刪除或者稍做修改，使它符合時代潮流，不僅能讓佛教不再虛無飄渺，更能間接推動佛教大眾化的目標。另外，他也提出佛教不只是一個宗教，同時還有哲學的色彩存在，在這方面的思想，是符合中國學者梁啟超對佛教的詮釋。

　　韓龍雲先生更運用他巧妙的文筆，將他對佛教改革的諸多意見集結在一起，寫下在韓國佛教的地位甚高的《朝鮮佛教維新論》，只要介紹現代韓國佛教時，一定會講述到這本曠世巨作，除此之外，在佛教的創作上，還有《佛教大典》、《十玄談註解》等等。

　　韓龍雲先生對於政治的熱衷程度不亞於宗教，這可以從他青少年時期就參與抗日戰爭看出端倪，尤其他的政治參與主要都是對抗日本政府與建立獨立國家，也因此他成為著名的獨立運動家。

　　他的政治表現可以從參加1894年的甲午農民戰爭提起，當時他年紀還小，就懂得必須要捍衛自己國家的完整性，也可以說他與佛教接觸的主因，因為這次的政治參與，成年之後，他強調民族與人類一樣也具有自我存在意識，剝奪這種意識就如

同剝奪人類的生命，因此更為專注於政治的領域上。首先，他投身於朝鮮獨立宣言的起草，且於1919年3月1日代表佛教社會簽署，成為三一運動時，33位民族代表之一，其中韓龍雲先生更強調獨立運動非暴力的要點，此宣言成為朝鮮受日本殖民統治時期的轉捩點，更成功提高了朝鮮民族對於建立自己國家的重視程度，雖然在發表完此宣言後過沒多久，大部分的民族代表都被逮捕入獄，服刑將近3年的時間（1920-1923），而韓龍雲先生在服刑期滿時發表「對朝鮮獨立的感想」一文，並建立民族獨立統一戰線組織「新幹會」，擔任中央執行委員兼京城支部會長，此後，他實際做出更多的行動來支持獨立運動，即使1938年又因為抵制參拜日本神社而入獄，也不抹滅他對於朝鮮獨立建國的決心。

在結合宗教與政治參與方面，他對日本政府大膽地提出「政教分離」的概念，反對由日本總督任命負有行政責任的住持所形成的寺剎會，並認為這是政治任意支配宗教的典型，即使當時很少有人重視這方面的議題，但韓龍雲先生成功地提高了此議題在社會中的能見度。

韓龍雲先生除了在宗教與政治領域上得到高度成就之外，文學上的表現也相當優異，更被譽為韓國公認的最佳現代詩人，他的作品類型廣泛，包括詩、小說、月刊都曾經執筆過，而且內容大部分都涉及民族主義，充分地將他的愛國之心在這些作品中表現出來，尤其《你的沉默》更被評價為戰前韓國文學的代表，篇名可以單純指為愛人、另一半的冷漠，也可以解

釋為整個朝鮮民族的沉默，這首詩篇幅不長、非常容易閱讀，幾乎是韓國中小學生必讀的文章之一，其他著名的短詩還有《愛你的理由》，這也收錄在韓國一些版本的中學國語教科書中。

除此之外，他創辦佛教啟蒙雜誌《惟心》與月刊《佛教》，在月刊裡發表多篇論文，致力於佛教的大眾化與獨立思想，並試圖重振五百年來被朝鮮儒教政權打壓衰微的佛教精神。小說的創作也發表過長篇小說《黑風》。

他短短的65年人生裡，是一段融合宗教、政治、文學的精彩貢獻。

韓龍雲先生將他的人生發揮得淋漓盡致，不管在任何領域，都竭盡了他的全力，尤其致力於改革佛教（佛教大眾化）與祖國獨立，可惜他在日本戰敗的前一年過世，沒能親眼看到祖國光復的那一天。韓龍雲先生更在1962年獲贈大韓民國建國功勞勳章，說明他對韓國的高度貢獻是受到眾人肯定的。

為彰顯並宣揚韓龍雲先生的文學性、自由思想、進步思想與民族思想，東國大學（韓國最大佛教宗派曹溪宗設立的大學）特別設立萬海村，作為承繼與實踐大師精神之設施，在塔谷公園（即首爾市最早的現代公園）內，更有韓龍雲先生紀念碑，另外，為了紀念他的文學成就，創辦了「萬海文學獎」，獎勵後世在文學上的傑出表現。

《你的沉默》

你走了。啊！親愛的你走了。

穿過翠綠山谷，我走在楓樹林裡深幽小徑，你竟離我而去了。

過去間如黃金的燦爛誓言，已化為冷漠的塵埃，隨著歎息的微風消散了。

刻骨銘心的初吻記憶，眩惑了我命運的指針，悄然隱退。

我的耳朵因你的甜言蜜語而失聰，雙目因你嬌美的容顏而失明。

愛是凡人的相悅，相遇時，我亦有承受無常的準備。

太過意外的離別，仍使我驚愕的心，爆發新的悲痛。

但離別鑿開於事無補的淚水湧泉，時刻告戒你感悟愛的脆弱，將無以承受的悲痛，昇華為新的希望。

如同我們在相聚時擔心分手，在分手時堅信重逢。

啊！你雖然走了，依然留在我的心裡。

無法承載旋律的情歌，始終縈繞著你的沉默。

李光洙

　　李光洙是朝鮮太祖李成桂的旁系後裔，號春園、孤舟，字寶鏡，是韓國近代小說家、詩人、記者、文學評論家，同時也是一名獨立運動家。於一八九二年三月四日出生於平安北道定州，家中務農，經濟狀況並不富裕。李光洙五歲時就懂得漢字和千字文，八歲時進入村裡的私塾學習到漢學，不僅資質聰穎，記憶力也特別好，因此有人稱呼他為神童。然而李光洙的童年際遇十分坎坷，在他十歲左右，父母雙雙先後死於霍亂，李光洙因此成為孤兒，寄住在親戚家中，並且為了不造成他人的負擔開始工作。小小年紀就歷經貧窮、家庭破碎，再加上龐大的生活壓力，讓李光洙罹患肺炎，由於沒有錢前往醫院治病，錯過黃金治療時機，導致他一生病痛纏身。

　　悲慘的童年際遇和虛弱的病體讓李光洙內心十分痛苦，因緣際會之下接觸到前身是東學的天道教，得到心靈慰藉因而加入天道教成為書記，後來因為日本官吏的壓迫轉而前往漢城求學。1905年，李光洙藉由親日派組織──天主教「一進會」的推薦前往日本留學，但由於無力支付學費而回到韓國，籌措到學費後才再次回到日本復學。當時李光洙和在日留學生一同創立

了組織「少年會」，發行名為《少年》的雜誌，刊登許多他的文學作品與文學評論。1906至1910年間，李光洙陸續發表許多文學作品，像是小說《愛是》、《虎》、短篇小說《無情》，以及韓國最初的新體詩《聽吧》。

1907年，李光洙受到有「韓國獨立運動之父」之稱的安昌浩在日本發表的演說啟發，為日後投入獨立運動奠定了基礎意識。李光洙後來於1910年因為爺爺病危而回國，任教於五山中學。也是在這一年，日本迫使朝鮮和日本簽訂《日韓合併條約》，朝鮮半島變相成為日本的殖民地，也就是從這時期開始韓國的獨立運動逐漸興盛。1915年，李光洙再次前往日本留學，就讀早稻田大學哲學系，開始在《每日申報》連載評論，漸漸累積了名聲並受到關注。

1917年，李光洙開始連載他的第一部長篇小說《無情》，深刻地揭示了社會轉型時期知識份子的心路歷程以及自由戀愛、女性解放主義的觀點。這部小說不僅是李光洙具代表性的成名之作，也是韓國最早的近代長篇小說。他的作品充滿現代啟蒙主義，具有深遠的民族精神，影響當時許多的作家與社會青年。同樣地在1917年，李光洙與在他生病時無微不至照顧他的韓國女子許英肅結婚，但不久後便與她離婚。

在日留學期間，李光洙意識到日本帝國主義的進逼與對韓國的不平等的壓迫日益嚴重，漸漸成為反日分子。當1918年美國威爾遜總統提出「民族自決」的十四點和平原則時，有感於日本對於朝鮮執行殖民統治的李光洙和日本留學生共同起草

《二八獨立宣言書》，也因此參與了上海的大韓民國臨時政府，並擔任臨時政府機關報《獨立新聞》的社長。隨著他在韓國影響力日增，他更加大力提倡反日殖民統治。

1921年，李光洙終於返回韓國，並與許英肅再婚。這時李光洙成立了韓國民族主義團體「修養同友會」並發表了《民族改造論》，有些學者認為他的思想和日本殖民主義的論調相符，並且侮辱韓國的民族尊嚴而批評他。1923年李光洙擔任東亞日報編輯部長，開始他的記者生涯，也是從這時期開始極度活躍於韓國文學界，大量發表了詩、小說、散文、遊記、翻譯與書評等作品，其中不乏表達對於日本的不滿，間接表現了抗日意識，因而遭受朝鮮總督府的調查，由於他對當時的青年有著不小的影響力，政府也開始會審查他的作品。1933年更是成為朝鮮日報的副社長，但沒多久便辭職隱居，沉浸於佛學生活。

1937年李光洙因修養同友會事件爆發被捕，遭到判刑入獄，後因為身體狀況不佳，半年後便因病保釋出獄。這次事件成為李光洙人生重大的轉捩點，他強烈體認到日本帝國的強大與文明現代，使得一直抱著現代文明主義的李光洙從仇日的獨立運動人士轉變為親日份子，在1939年擔任親日團體「朝鮮文人協會」的會長，甚至在1940年日本推行皇民化運動時響應「創氏改名」，將名字改名為香山光郎，這個舉動引來了不少批評與非議，使得李光洙被貼上背叛的標籤，至此以後一直熱衷於親日運動。

　　1945年韓國獨立成為李光洙人生中第二個轉捩點。除了隔年李光洙再度與妻子協議離婚，由於後期的親日作風，導致他受到大量的非難與譴責，甚至是遭受社會的蔑視，自此後李光洙便漸漸隱匿於鄉下，這時的李光洙除了持續在東亞日報與朝鮮日發表評論外，需要靠他人的救濟度日。儘管如此李光洙對文學的創作仍未停歇，還參與金九的自傳《白凡逸志》的校稿。

　　1949年，「反民族行為特別調查委員會」開始對李光洙進行調查審問，李光洙發表《我的告白》表示自己為韓國著想的親日立場，但還是因為因親日叛國罪被捕入獄，沒多久因病獲釋。然而1950年韓戰爆發，李光洙被擄往北韓，自此之後下落不明。雖然李光洙對於韓國文學界的貢獻極大，但是他深植人心的親日形象使得當時沒有人會公開讚揚他的文學成就，也鮮少人會去追查他的下落，直到後來隨著時光的流逝，韓國社會對李光洙的讚揚才逐漸增多，並在近年終於證實李光洙在被綁架的當年，就已經於十月二十五日因痼疾肺結核惡化而病逝於北韓滿浦，得年五十九歲。

　　李光洙是韓國文壇一個非常重要的人物，因為長篇小說《無情》成為韓國近代小說之父，也是新體詩的開拓者。他是個抱有濃厚民族解放思想的愛國主義者，批判舊時代迂腐僵化的思維，主張個性解放和戀愛自由觀念，他提倡的現代啟蒙主義不僅影響當時許多作家的創作，也帶給社會青年極大的省思。李光洙擅長藉由『情』與『理』的衝突凸顯出在社會禁錮下人性的掙扎與糾結，其創作風格奠定了韓國近代文學的基礎。

　　李光洙一生創作六十多部長篇小說、三十多部短篇小說和三百多首詩歌、散文、雜文等作品，在韓國的地位等同於中國的魯迅與日本的夏目漱石。在李光洙眾多作品中，成名代表作《無情》是較被廣泛探討的作品之一，內容看似刻劃一男三女間的情感糾葛，實際上李光洙是透過此方式間接傳達了對於民族解放以及現代文明教育的渴望，同時藉由三名女子不同的個性，凸顯新舊時代思維下女性的特徵與社會處境，不論是對於滿懷愛國與民族思想的社會青年，甚至是獨立運動人士，或是當時仍舊將女子視為附屬品的韓國社會，都帶來極大的衝擊與震撼，李光洙所提倡的啟蒙思維和新時代價值觀，成為將韓國導向現代文明社會的推力之一。

　　對李光洙的評價方面，是正面大於負面的。人們普遍認為在那個封閉迂腐的舊時代，李光洙思想先進且富含民族精神，尤其他的文學才氣極高，對文學抱持熱忱，一生創作許多經典名作，易使讀者理解的同時仍保有珍貴的藝術價值，對於韓國文學有著不可撼動的貢獻。然而他的親日作為也是對自己的重傷，使得當時具有仇日情結的韓國社會對於李光洙的存在，是厭惡而且不願多談。即使因為太過強烈的親日形象，讓李光洙晚年過得並不順遂並飽受批判，能夠理解他的人也不敢大聲為他辯白，但這都不能抹滅極具文學才氣的李光洙在韓國文學史上重要無比的貢獻。

篇七　愛國志士

安重根

　　安重根1879年7月16日生，1910年3月26日歿，享年31歲。字應七，應七是他的本名，後改名為重根，意在慎重言行，應七遂作為其字。本貫順興，出生於朝鮮國黃海海州市（今屬朝鮮民主主義人民共和國黃海南道），卒於大日本帝國關東州旅順（今屬中華人民共和國遼寧省大連市）。

　　1895年日清戰爭後，中國承認朝鮮為獨立國，朝鮮半島失去中國的保護，處於十分不利的地位，如同待宰羔羊般，隨時可能面臨日本的入侵。而日本從1868年明治維新開始，便不斷試圖計劃控制朝鮮半島，使其作為侵略中國的前線作戰基地。20世紀初，日本帝國主義的生成加速吞併朝鮮的進程。

　　1905年日俄戰爭結束後，在日本武力脅逼下，日韓簽訂《乙巳條約》，此條約的簽訂標誌著韓國正式成為日本的保護國，也就是殖民地，朝鮮喪失自主權。由於朝鮮成為日本保護國，日本在漢城設立「統監府」。伊藤博文成為日本在朝鮮的第一任統監，而此人與安重根的人生有著相當緊密的關係。

　　1904年日俄戰爭爆發時，安重根當時人在上海。同年回到朝鮮辦學。1907年，為維護朝鮮主權獨立，高宗派3名特使到

海牙和會，指控日本的侵略，呼籲各國的聲援。但是在殖民主義盛行的20世紀初，日本對朝鮮半島的保護國地位被認為是理所當然，因此高宗的特使沒能挽救大韓帝國。而日本以高宗派特使到海牙和會違反乙巳條約為由，逼迫高宗讓位於太子純宗。

安重根本為支持亞洲主義，他希望韓國能成為一個獨立的國家，並與日本、中國一起對抗歐洲殖民主義，在日俄戰爭時，安重根甚至希望日本能獲勝。然而日本的步步進逼，踐踏朝鮮主權、擾亂東北亞和平的行為逐漸使他轉變想法。

參加了一系列和平救國活動無望後，安重根至俄羅斯遠東地區參加了武裝鬥爭，投身韓國義兵運動。那時的朝鮮軍隊被解散，他們只能在中朝俄三國的邊界從事游擊戰。安重根曾參加過李範允、金斗星領導的義軍，曾被任命為參謀中將，帶著三百多人潛回國，跟日軍作戰，結果被數十倍的日軍打得七零八落，只剩幾人逃出了朝鮮。

1909年1月，安重根來到了俄國下里地區，跟其他11名愛國者一起成立了「斷指聯盟」。12名慷慨激烈的朝鮮愛國者，用匕首將自己左手無名指的第一節砍斷。將鮮血集中在一個碗中。安重根用鮮血在一面太極旗上，用漢字寫下「大韓獨立」四個大字。

伊藤博文（1841-1909）日本長州人。江戶幕府末期長州藩士出身。他是19世紀90年代是日本政府中最有權勢的人物。不僅是日清戰爭的主謀之一，日俄戰爭後，還取得中國東北的

許多權益與獨占朝鮮。1905年11月17日，日本在朝鮮設立的統監府，首任統監就是伊藤博文。

1907年7月，伊藤博文除了是高宗退位的促使人之外，又逼迫新王純宗訂立協定，使朝鮮一切內政大權都落入日本手中。同年8月，解散朝鮮王國內部軍隊。對於朝鮮人民來說，伊藤博文即代表日本帝國主義利益。在朝鮮實行的殖民統治，激起朝鮮人民強烈的反抗。而對於朝鮮人民的反抗，則實行殘酷無情的鎮壓。因此被朝鮮人民極為仇視，也招來了殺身之禍。

1909年，日本政府利用日俄戰爭中獲勝的有利形勢，派時任樞密院大臣的伊藤博文到哈爾濱與俄國財政大臣柯可夫切夫（Kokovtsov）商談有關朝鮮半島情勢，以及劃分日俄在中國東北的勢力範圍等事宜，以取得俄國對日本吞併朝鮮的諒解與支持。眼見日本步步緊逼、民族危亡於旦夕，安重根想到了刺殺伊藤博文這條不歸的愛國道路。在得知此日俄會談事件消息後，他大喜過望，實為天賜良機，於是加緊和「斷指聯盟」的成員籌劃這次刺殺行動。

1909年10月26日，安重根踏著積雪，沉著地向哈爾濱火車站走去。他頭戴鴨舌帽，身穿灰色短大衣，背著一隻皮包，脖子上掛著一架照相機，一副記者打扮。在大衣的左側內袋裡，藏著一支日製白朗寧左輪手槍。這時的哈爾濱火車站可謂戒備森嚴。在幾個入口處，俄國憲兵正仔細地盤查著每一個人。安重根一副若無其事的樣子在一群記者當中，順利地通過了檢查

來到站台。九時許，伊藤博文的專車徐徐駛進火車站。俄國軍樂隊立即高奏迎賓曲，儀仗隊持槍立正，準備接受檢閱。

安重根來到俄國儀仗隊的後面。他清楚地看見伊藤博文走下火車，在柯可夫切夫陪同下，開始檢閱歡迎隊伍。9時30分，朝鮮愛國主義者安重根站在俄國儀仗隊後面，當伊藤博文走到俄國儀仗隊前，距安重根10步左右時，安重根穿過俄國軍人空隙，衝過儀仗隊，相距伊藤博文五步之遙，使用已被磨去尖端及銼出十字凹槽的自製空尖彈連發三槍，三發子彈紮紮實實地命中伊藤博文的胸部、腹部，伊藤博文當日宣告不治。由於安重根並不認識伊藤博文，對於是否是他本人並無十成把握，安重根另外開了3槍打中伊藤博文的隨行人員，日本駐哈總領事川上俊彥、滿鐵理事田中清次郎和秘書官森泰二郎三人。安重根當場就被俄國憲兵逮捕。被捕時，還用俄語叫喊著：「韓國萬歲！」（Корея! Ура!），後隨即被引渡至日方。

1909年11月3日，安重根被關進旅順監獄。他人生的最後，都在監獄裡度過。在旅順獄中他寫下了《安應七歷史》、《獄中記》和《東洋和平論》等著作。次年2月被判處死刑。1910年3月26日，安重根在旅順監獄內身著純白韓服被處以絞刑（要求槍決遭拒），結束他31歲的人生。

安重根出身朝鮮名門順興安氏，朝鮮文化受漢文化影響極大，自幼便讀了不少詩書，因此他也寫得一手好漢字，有著紮實的漢學功底。其書法獲得高度推崇，許多日本警察向他索討作品，因此在監獄留下許多墨寶。

在伊藤博文的刺殺行動前，安重根感慨萬千，內心澎湃，
於是用漢文寫了一首名為《丈夫歌》的詩。

丈夫歌

丈夫處世兮／其志大矣

時造英雄兮／英雄造時

雄視天下兮／何日成業

東風漸寒兮／壯士義烈

忿慨一去兮／必成目的

鼠竊伊藤兮／豈肯比命

豈度至此兮／事勢固然

同胞同胞兮／速成大業

萬歲萬歲兮／大韓獨立

萬歲萬歲兮／大韓同胞

安重根被當今朝鮮和韓國分別稱為「愛國烈士」和「義
士」。安重根義士紀念館也在陸續在哈爾濱、首爾等地開館。
韓國方面無不推崇安重根的行為，不僅跆拳道套路有以他命名
的招式，更有安重根獎學金、安重根勳章，影視作品等等的問
世。然而，刺殺伊藤博文的行為真如他所說那般正大光明的，
盡了應盡的義務嗎？又此行為真能幫助他所愛的國家嗎？

成為日本的保護國後，日本政治界對韓國問題頗多關注，
認為應該要立即性的合併，唯有伊藤博文因國際觀感因素，強

力反對立刻合併大韓帝國，這與許多參與日本對韓政策決策者的想法並不同。儘管伊藤博文也並非安好心，但無疑的他是韓國還能保有以大韓帝國為前提生存下去之重要原因。

伊藤博文被刺後，主張「立刻合併派」隨即成為日本主流。雖然韓國出現如李容九、宋秉畯等人為首的「一進會」主張日韓「平等合併」，共同創造新的聯邦政府，但也已經無力回天。也就在1910年8月22日，日本迫使韓國簽訂《日韓合併條約》。同年10月1日，日本統監府改為總督府，由此開始了對韓國長達35年的全面殖民統治。日韓合併的結果導致大韓帝國的滅亡，朝鮮半島成為日本領土的一部份，朝鮮總督府成為日本在朝鮮的最高統治機關。直至1945年，昭和天皇發表接受《波茨坦宣言》投降後，才失去對朝鮮半島的實質統治權，結束對朝鮮半島的統治。

在那動盪不安的年代，向外擴張殖民地的帝國主義其實是當時的國際準則，安重根不思如何促使國家進步現代化以因應時代潮流，反而以此種同歸於盡的衝動行為結束他的一生，行為是否值得後世如此讚揚，仍為世人所困惑。

金九

　　金九生於1876年8月29日，1949年6月26日遇刺逝世，享壽72歲。金九的本名為昌洙，別號白凡，因在宗族排行第九被稱為金九，金九於1947年出版的自傳《白凡逸志》便是依別號命名。

　　金九生於兵荒馬亂的時代，一生奔波於抗日革命和朝鮮半島的獨立事業，朝鮮日帝強佔期期間受到迫害，與其他愛國志士一同流亡中國二十餘載，並在上海成立「大韓民國臨時政府」。

　　如前述提到，金九的一生都為朝鮮的民族獨立而奔命，盧武鉉評價金九為「最尊敬的人」。金九本人曾寫過一篇短文「我的所願」，文中如此重申他本人對於朝鮮民族獨立的渴望：「如果上帝問我的願望是什麼的話，我將毫不猶豫回答：『我的願望是大韓的獨立。』如果再問我下一個願望是什麼時，我的回答還是：『我國的獨立。』即使第三次問我其他的願望，我也大聲回答：『我的願望是我大韓的完全自主獨立。』」

　　緊隨著「民族獨立」的是「抗日」，19世紀末直到20世

紀中期，由於日本的大肆侵略，東亞國家無不處於兵荒馬亂之中，鄰近日本的朝鮮半島更成為刀俎魚肉，在這樣的背景下，「民族獨立」與「抗日」兩者互為因果，為了民族獨立而必須抗日，也唯有抗日成功方能迎接朝鮮半島的民族獨立。

　　時勢造英雄，金九的抗日事業始於1894年至1895年間的東學黨起義，那時的金九不到20歲，踏上從朝鮮半島流離至中國大陸的抗日之路，不曾躊躇。「抗日的老前輩」是金日成對於金九的評價。

　　1919年三一運動後，金九與多位愛國志士流亡至上海，並在尚未被日軍佔領的上海成立「大韓民國臨時政府」，開始了二十六年的流亡生涯。臨時政府跟隨國民政府幾度輾轉於中國各個城市，其間受到國民政府幫助甚多。抗戰結束，金九返鄉前對隨行的記者說道：「余居貴國幾三十年，無異自己故鄉。」

　　金九的次子金信便是出生於上海，並在中國大陸成長、就讀空軍官校，後來擔任韓國駐台灣大使十年。在2016年2月，為了感念國民政府對其父與流亡志士的幫助，金信捐贈兩百萬美元給台灣大學，作為學術研究之用。

　　1962年，金九逝世13年後，時任大韓民國總統的朴正熙追授金九大韓民國建國勳章，並追尊金九為韓國國父，這也是在中文文獻資料中最常冠於金九的稱呼，但實際上現代韓國社會普遍尊稱金九為「金九先生」。

　　金九為了實現民族獨立的志向，一生輾轉於朝鮮半島與中

國大陸之間，1894至1895年甲午戰爭期間，朝鮮半島發生東學黨起義，是金九抗日事業的起點，而1919年三一運動後金九流亡至中國，1945年對日八年抗戰結束才歸國。

十八歲的金九受到眾生平等的信念感召，加入了崔濟愚創立的東學，並在後來加入東學黨起義的隊伍。1894至1895年間，日軍佔領朝鮮半島，為了對抗日本勢力的入侵，東學黨的農民們舉事起義，當年不到二十歲的金九加入了家鄉海州的起義對抗日本軍，這也是金九抗日事業的起點，雖然此次起義最終遭日本與朝鮮官方軍隊鎮壓而失敗，但卻沒有熄滅金九為民族奮戰的壯志。

1896年，在搭船前往鴟河浦的路上，金九在船上發現了穿著韓服但疑似為日本人的船客土田讓亮，並推測其可能為殺害閔妃的日本軍人同夥之一（事後證實土田確實為日本軍人），在休憩的旅店中將其殺害，是為鴟河浦事件。金九在審判過程中主張自己是為閔妃報仇，為家國民族伸張正義、血洗國恥，因而獲得高宗親自頒佈的特赦令，免去了死刑，金九也因此事而聲名大噪，甚至在獄中接受眾人道賀。然而，金九並未馬上獲得釋放，而是在獄中眾人的幫助下逃獄，方得以繼續為抗日而努力。

至1910年時，當時的朝鮮已淪為日本的殖民地，並大規模鎮壓朝鮮的獨立運動和基督教團體，金九與其他多為愛國志士在遭到拘捕審問後接受審判，共105人鋃鐺入獄，是為105人事件。因為鴟河浦事件，加上活躍於獨立運動的身分，金九本就

是日治政府的眼中釘，此次事件中金九更被以強盜罪重判15年徒刑，但不過幾個月金九便獲假釋出獄，其餘人也紛紛在1915年獲大正天皇即位特赦。

殖民時期的獨立運動在1919年的三一運動來到巔峰。時值第一次世界大戰結束，美國總統威爾遜發表十四點和平原則，包括反殖民和民族自決的原則，鼓舞了當時受日本壓迫的朝鮮人民，並且因為高宗突然逝世，民眾認為是日本蓄意謀殺，而開始上街遊行示威，在3月1日這一天於京城府（今首爾特別市）的塔動公園集會，發表《獨立宣言書》，促使獨立運動踏上頂峰，是為三一運動，但三一並未為朝鮮迎來光榮的獨立，而是遭到強力鎮壓和捕殺，金九舉家流亡至上海，並與李承晚等愛國志士共同組建「大韓民國臨時政府」，臨時政府並非一直位在上海，隨著日軍侵華的緊湊腳步，臨時政府跟隨國民政府輾轉到重慶等各大城市之間。

在上海的金九一行人並未因距離關係而有所鬆懈，並持續試圖對日本造成威脅，首先迎來的是「櫻田門刺殺事件」。一直在日本工作的韓國人李奉昌聽聞上海成立臨時政府的消息，前來找到金九共謀刺殺日本昭和天皇，他告訴金九自己已經三十一歲，「為了追求永遠的快樂，想獻身於獨立事業，所以才到上海來。」隔年1932年1月，李奉昌前往東京參與朝鮮人愛國團，在昭和天皇於櫻田門外閱兵時投擲手榴彈襲擊，然而計畫未能成功，李奉昌遭判處死刑。但因此事，位於上海的臨時政府吸引到許多愛國青年前來，希望能報效國家，為民族獨立

奉獻一己之力。

　　同年1932年，日本軍隊藉4月29日慶祝天長節的機會，於虹口公園舉辦「松滬會戰祝捷大會」。金九與其他志士商議，計畫讓自願投身的尹奉吉前往現場投放炸彈，此次計畫成功得炸死了日軍上海占領軍總司令白川義則，並有多位日本軍人重傷，尹奉吉被逮捕並判處死刑。此後日軍大肆緝捕韓國人，試圖找出共謀要犯，為免無辜族人遭到連累，金九發布聲明自己是幕後主使人，隨後逃離上海，在楮補成、陳桐蓀夫婦的幫忙下，開始流亡嘉興等江浙一帶城市。

　　1937年臨時政府隨國民政府輾轉至長沙，在重慶時國民政府給予了臨時政府相當多物資支援，後來遷移至重慶時，國民政府甚至在重慶郊外建設「韓人村」。金九之子金信在上海出生，並在中國成長，對於國民政府的幫助也有許多感悟，直言「我是喝長江水長大的，是『半個中國人』。」金信一直抱持著對中華民國的感恩戴德，甚至在2016年2月時捐贈200萬美金予台灣大學。

　　雖然最終榮歸組國，但金九卻未能一償夙願見到統一的朝鮮半島，金九在自傳《白凡逸志》的最後篇幅中寫道：「我決定等待大韓民國自主獨立之日到來時，再續寫未完的篇章，現在就此擱筆。」無奈金九在1949年6月26日，李承晚當選大韓民國總統的隔一年，遭到陸軍情報官安斗熙暗殺，無法與民族同胞一起走向新時代的篇章，不過在那個動盪的時代，能夠迎來國家獨立的曙光，相信金九先已經沒有遺憾。1962年，朴正

熙追尊金九為韓國國父，感念他對民族獨立的偉大奉獻，金九
的貢獻至今仍被韓國國民們銘記於心。

徐載弼

　　徐載弼生於1864年1月7日、忠清南道論山郡的一個士大夫家族，在家中排行老二，父親光孝曾經擔任地方生員，七歲時，徐由近親徐光夏先生收養，其舅舅與外祖父都曾擔任政界要職，在政治界可謂舉足輕重，七歲的他開始到舅舅家附近的私塾讀書，成績優異，年僅十八歲就參加科舉並順利考上文科，是當時中舉的人之中最年輕的一位，隨後他也被任命校書館副正字之職位。

　　透過遠親徐光範，徐結識了開化派的重要人物金玉均，1883年5月，十九歲的徐在金玉均的鼓勵下，至日本接受現代化的軍事教育，然而由於政府財政吃緊，此計畫僅維持一年即告終。歸國後，徐建議政府設立士官學校，受到政府同意，並由徐出任士官長。1884年12月，金玉均等開化派人士發動了甲申政變，目的是改革國政、促使朝鮮近代化以及脫離宗主國清朝獨立，徐與其弟弟載昌一同參與，徐被委以行動指揮官之重任，負責調度整個行動之過程，然而政變第三天隨即被袁世凱率領的駐朝鮮清軍鎮壓，宣告失敗，徐與金玉均等人逃往日本，後來徐在美國傳教士的幫助之下輾轉逃亡至美國，然而他

留在朝鮮的親人皆遭受殘酷至極的連坐法迫害，一連被株了三族。

1885年五月，逃往美國舊金山後，徐起初的生活非常辛苦，他一邊打工一邊為學習英文而參加基督教青年會的活動，爾後為基督教所吸引而信仰基督教，在教會朋友的介紹之下，徐得到賓州富豪赫倫伯克（John Welles Hollenback）先生的資助，至黑爾門預備學校就讀高中課程，他在校內成績非凡，畢業之時，資助人赫倫伯克建議徐在畢業之後，歸國擔任傳教士，但徐婉拒了他的好意，因此也無法繼續接受其資助，1890年六月，徐正式歸化美國國籍，後來徐以半工半讀的方式，以優異的成績於1893年六月自哥倫比亞醫學大學畢業，1894年六月，徐與其就讀大學時的家庭教師之女莫莉爾·阿姆斯壯（Muriel Armstrong）結婚。徐載弼不僅是歷史上第一位歸化美國國籍的韓國人，也是歷史上第一位從美國大學畢業的韓國人。

1894年甲午戰爭爆發，朝鮮終於脫離清朝的控制，並且在日本的影響下展開了近代化改革—甲午更張，同時，參與甲申政變的人獲得赦免並且紛紛歸國為朝鮮改革效力，1895年六月，朝鮮政府授與徐官職，但遭到徐的拒絕；後來在同為甲申政變參與者朴泳孝的勸告下，1895年十二月，徐載弼睽違十一年，終於回到祖國朝鮮。徐曾經描述到：「當我聽到朴泳孝提到的國家大事，我立刻覺悟到我為祖國獻身的偉大機會已經來臨了。」

　　徐載弼歸國後，朝鮮局勢動盪，「乙未事變」閔妃在景福宮中被日本人暗殺，後來又發生「春生門事件」、斷髮令以及因而引發的義兵運動等，目睹這一切的徐感到非常失望，然而當時朝鮮政府期許他留下，並欲任命他為內閣官員，但被徐拒絕了，僅接受以「外臣」身份擔任中樞院顧問，他認為與其進入權力核心去搞權力鬥爭，不如在核心之外，對政府及人民進行思想上的啟蒙改革。由於他認為，先前甲申政變失敗的原因在於民眾的無知，若缺乏民眾的組織、受過訓練思考的民眾支持的話，光靠幾個先驅發起者是無法將革命引向成功的。

　　1896年四月，徐載弼利用前內部大臣俞吉濬資助的五千元國庫補助金，創辦了《獨立新聞》，這是朝鮮歷史上的第一份報紙，並且破天荒地以純韓文刊行，在當時人人僅視漢字為書寫的年代，這是多麼非凡的成就，這也使得人人皆能讀懂，大大提升了韓文的地位與價值。徐在《獨立新聞》中大力鼓吹天賦人權、自由平等、法治主義等觀念，向民眾普及歐美的啟蒙思想。然而徐漸漸發覺，僅依靠報紙是無法更有效地向民眾鼓吹自由主義、民主主義等思想的，在經過多次的思考後，他決定建立某種政治黨派，並依靠群眾的力量來廣泛推廣此一思想，於是在1896年七月，徐與幾位官員共同成立了「獨立協會」，並擔任顧問，儘管徐由於國籍關係名義上不能加入，但事實上卻是協會的領導人，創辦獨立協會後的首要之務，就是在迎接中國使團的「迎恩門」之處，以法國凱旋門為範本新建「獨立門」，他認為這樣才能確實擺脫與中國的宗藩關係，不

論是徐創建獨立協會抑或是建立獨立門的主張，都獲得了朝鮮全國各界的支持與呼應。同時，徐也在美國傳教士亞本哲羅（H.G. Appenzeller）創辦的培材學堂擔任講師，向朝鮮青年灌輸啟蒙思想，日後大韓民國首任總統李承晚便是徐的學生之一，他也在徐的影響下加入獨立協會並且成為活躍人物，爾後還與徐成為了親密的政治夥伴。1896年十一月，在徐的建議之下，培材學堂師生共同組成了名為《協成會》的學生討論會，時常進行激烈的正反方討論，隨後一般人也能參與其中，後來為了宣傳活動，發行了《協成會會報》，其與《獨立新聞》一樣，在開化運動與國民啟蒙當中扮演了相當重要的角色。

　　徐載弼的活動儘管風靡了全朝鮮、震動了思想界，卻也造成守舊派的忌恨與恐慌，徐歸國後以外國人身份自居，與高宗對話時不守君臣之禮，除了不受高宗的喜愛之外，守舊派對他的誹謗和攻擊也從不間斷，徐載弼對民眾的啟蒙不受當政者所容，1897年十二月，政府解除了他在中樞院顧問的職位，1898年三月，獨立協會在徐的指示下召開「萬民共同會」，聲討俄國對韓國主權的侵犯，獨立協會在鬥爭中取得重大的勝利，卻也導致俄國對徐十分痛恨，遂與朝鮮政府聯手施壓要將徐驅逐出境，最終，在來自國內外的種種壓力之下，徐在1898年五月離開韓國，重返美國。徐載弼在祖國僅待了短短兩年半，但這段時間他所做的思想啟蒙工作確實是影響深遠的，在獨立協會中的同志尹致昊曾說：「徐是以自己親手編寫社論和報導的方式，向民眾灌輸了天賦人權的思想，從而使得正在受壓迫的韓

國民眾終於明白一些常識。」

　　徐再次赴美後淡化了對韓國事務的關心，他於1899年作為軍醫參加美西戰爭，戰爭結束後在費城擔任解剖學講師，1904年徐與大學同學一起從商，經營文具和印刷事業，且經營規模不斷擴大，1915年後，他開始獨立經營公司，這段期間徐事業發展成功、家庭和樂幸福。

　　與此同時，朝鮮正遭逢厄運，1904年日俄戰爭爆發，徐原本支持日本，但日俄戰爭後，日本著手併吞朝鮮，1910年，日本與朝鮮締結《日韓合併條約》，朝鮮正式淪為日本的殖民地，面對這一切，徐不可能繼續無動於衷，1919年三一運動爆發後，徐再次挺身而出，為韓國的獨立奮鬥。他為朝鮮獨立運動募集資金、在美國雜誌上發表文章，呼籲朝鮮獨立並且譴責日本侵略，同年五月，徐與李承晚組織了「韓人之友」，聯絡美國人支持韓國獨立運動，成為獨立運動的後援會，他也創辦了英文版的《獨立新聞》，為韓國獨立的輿論宣傳竭盡心力，在一系列的活動之後，徐面臨破產的窘境，於是他不得不中斷活動，但他沒有放棄，仍然不斷撰文聲援韓國的獨立運動。

　　1945年八月，第二次世界大戰結束，朝鮮半島脫離了日本的統治，但是卻被美國和蘇聯以北緯三十八度線為分界劃分兩半，南韓在九月之後進入美國軍政時期，1946年起，駐韓美軍司令不斷邀請徐回國，南韓內部領袖不論左派右派都邀請徐歸國，最終徐在1947年六月以美國軍政廳最高政務官的身份歸國，徐支持左右合作、呼籲各黨派團結，並在美國的支持下成

為了總統候選人，然而徐過去的學生與同志李承晚由於熱衷權力，反對徐的主張，拒絕他以美國籍身分參選，爾後李承晚如願當選，建立大韓民國，徐載弼非常失望，他認為韓國人不懂團結只懂黨派鬥爭，五十年後卻與當年的甲申政變一樣毫無進步，徐1948年十月重返美國，逝世於1951年一月五日，享年八十七歲。

後世評價徐載弼為「在韓國近代化過程中發揮重要作用的開化思想家和獨立運動家」、「韓國民主主義的先驅者」、「國家之師」等，韓國歷史學家李光麟也稱他為「韓國的伏爾泰」，因為他對於將人民的傳統思想推進到現代有很大的貢獻。

金玉均

　　1851年金玉均出生在忠清南道公州的一個沒落的兩班家庭中。受到生父金炳台的薰陶，天資聰穎的他從小就對學問有所涉獵。六歲時，生父將他過繼給堂叔金炳基，跟著身為官宦的堂叔一起生活，也進入了栗古書院讀書。就讀期間，閱覽了朴趾源、丁若鏞等實學派學者的著作，更為金玉均的實學思想開啟先機。

　　「實學」就是實事求是的學問，比起心學和理學的作用，實學派更強調學問經世致用的影響。學問要能使政治刷新舊弊，還要培訓精兵，才能實現國富兵強的理想，挽回朝鮮王朝的頹敗局勢。金玉均後來隨養父返回漢城，於1872年參加科舉考試，狀元及第的他開啟了政治生涯。在這期間，金玉均結識到劉鴻基和朴珪壽。劉鴻基是朝鮮最早的開化派人物，而朴珪壽則是實學派巨匠朴趾源的孫子，也擔任當時的右議政，這兩人成為他很重要的思想啟發者。

　　金玉均繼承劉鴻基的文明開化、維新變革的思想，更對於西方資本主義產生憧憬，也使金玉均透過佛教，擺脫朝鮮王朝獨尊儒家的束縛。他也從朴珪壽那裡學到內政外交的知識，以

及自主開國論的理想，更透過朴珪壽結交到朴泳孝、洪英植等貴族子弟，奠定他想全面改革體制、實現近代化的道路，成為創立開化黨的萌芽期。

金玉均創建開化黨的關鍵契機就是——看見自己萎靡的國家及日本的強大。1876年《江華條約》簽訂，他面臨到朝鮮王朝封建制度的風雨飄搖，也深怕朝鮮會成為殖民地，因此興起革新的想法。在歐美文化大步前進之下，日本卻能在短期間內與西方大國並駕齊驅，於是金玉均想效法日本，遂和朴泳孝、洪英植等人組成開化黨，一心想維新朝鮮，改革國家的命運。1882年金玉均更獲得高宗許可，和開化黨同志一齊東渡日本，期間不僅考察時政，更和福澤諭吉有所來往，並且他也願意支持金玉均與開化黨的行動。

1882年7月朝鮮爆發壬午兵變，閔妃借助清朝力量，成為了守舊派的代表。金玉均目睹清朝對朝鮮政局的干涉，立志要使朝鮮脫離清朝的控制，成為一個自主獨立的國家。壬午兵變結束後，日本強迫朝鮮簽訂《濟物浦條約》，其中要求朝鮮要派使團去日本謝罪，而金玉均也擔任了使團顧問，使團裡有許多開化黨的成員，明治天皇不但親自接見，並刻意扶植開化黨，借款給開化黨人以作運動之用，也因如此金玉均更加相信日本。

隨後回到朝鮮的金玉均，積極地與日交涉，使日本政府以天皇名義贈送槍砲給朝鮮，幫助朝鮮改革維新，但這些維新改革行為引起守舊派的普遍不滿，掌握政經優勢的守舊派，發現

不能再將開化黨人留在漢城，於是將金玉均轉為東南諸島開拓使兼管捕鯨事，也把開化黨人朴泳孝調為廣州留守，奪去他們的政治實權。

在開化運動備受阻撓之下，仍留在朝廷抗爭的金玉均不願接受事實，向高宗索取委託狀，想再次前往日本借款三百萬元，紓解朝鮮財政困難。當他抵達日本時，一向支持開化黨的日本政府，由於在與閔妃集團談判通商問題，為了能獲得更多好處，欲想討好閔妃集團，因此對待金玉均的態度轉為冷淡，一毛錢都不願借助，福澤諭吉雖然發表文章，呼籲日本政府借款給朝鮮，可是仍徒勞無功。

1884年5月，借款失敗的金玉均回到朝鮮，與守舊派的衝突日益劇增，在這種艱困環境中，開化黨只能採用非常手段推翻守舊派政權，也就是後來1884年12月發生的甲申政變。

在規劃甲申政變期間，他數次被召回朝廷，解決朝鮮與日本的通商事務，擔任外衙門協辦一職，雖然日本仍是金玉均的效法典範，但是由於先前的借款失敗，他對日本也產生了戒心，更篤定了就算沒有日本的幫助，仍要進行改革大策。到了1884年下半年，改革的機會終於來了。因為中法戰爭的爆發，清朝節節敗退，日本趁機鼓勵開化黨人推翻守舊派，欲使朝鮮脫離清朝控制，方可將朝鮮納入自己勢力範圍。雖然金玉均對於日本之前的冷淡對待很是心寒，但是因為資源的需要，只好還是跟日本人聯手政變，也取得高宗的支持，與黨人一同策畫這場行動。

　　1884年12月4日，開化黨人洪英植所總辦的郵政局開業，金玉均把握守舊派大臣與列國大使都會出席開幕宴會的時機，在會場周圍埋伏隊員，準備來場腥風血雨的革命運動。他們打算在會場隔壁縱火，當烈火蔓延、煙霧瀰漫時，趁著眾人混亂的情勢，逐一殺死守舊派大臣，進而控制高宗，獲得政權。但是縱火行動並未成功，行動隊員只好在隔壁棟放火，然後高喊失火，製造恐慌。守舊派大臣閔泳翊一聽到喊聲，立刻奔出會場外，殊不知被開化黨人行刺，被刺傷的他又反奔回會場上，眾人看到此景象，驚慌失措，倉皇逃離會場，開化黨的縱火計畫宣告失敗。金玉均等人並不為此氣餒，反而按照原計畫進行，帶領開化黨人強行進入景佑宮挾持高宗，在日軍的後援下假造王旨，召見守舊派大臣入宮，遂而將其一一刺殺，金玉均也暫時獲得了政權，這就是歷史上著名的甲申政變。

　　金玉均隨即組成了以開化黨人為中心的新政府，自己也擔任戶曹參判，相當於財政部副部長的工作，同時他們制定了新政府的政綱，內容共有十四條，多半為反對封建制度的新政策，也提出要廣納人才，改革當時社會不平的風氣，並且要求清政府釋放大院君，此政綱於12月6日以皇帝教旨的形式公布全國。

　　但就在此時，守舊派的反撲也在漸漸燃燒。開化黨人並未在第一時間向民眾說明情勢，反而造成民眾誤解，誤以為是開化黨人勾結日人一起挾持高宗，奪得政權，紛紛號召要殺光日人與開化黨，因此守舊派在這種情勢之下與清兵合作，由袁世

凱等人率領清兵直入昌德宮，再次將政權奪回守舊派手中，結束了「三日天下」的開化黨統治時期。

　　甲申政變後，人民的反日情緒高漲，迫使金玉均等開化黨人只好躲進日本公使館避難，又因情勢漸漸被守舊派控制，開始對開化黨大力清掃，並且誅連至開化黨人的家屬，使金玉均不得不乘船逃離他所愛的朝鮮，前往日本，展開逃亡生活，從此再也沒踏上故國這塊土地。逃亡到日本的金玉均化名為岩田周作，在這十年的逃命生涯中，生活相當困苦，但他從未忘記自己的理想，一直在規劃重返朝鮮的行動，雖然許多日本民間意見領袖，如：福澤諭吉、犬養毅，對待金玉均都抱持著同情的態度，也常常給予協助，但由於日本官方對待朝鮮的政策已改，因此從先前對待金玉均的殷勤友好轉為冷眼旁觀，並且監視金玉均的日常生活，日本官方甚至一度將金玉均流放小笠原群島，後又監禁於北海道札幌，這些行為使得金玉均不再信賴日本，並且有意轉與清朝合作。金玉均在1886年致信給李鴻章，首次與清朝高層接觸，後來又與李鴻章之子李經方互有往來，便開始規劃前往中國，想要聯合中國志士，再次實現自我理想。

　　然而，甲申政變後，金玉均的存在，一直都是朝鮮官方的心頭大患，規劃數次暗殺行動卻屢屢受挫，朝鮮政府聽聞金玉均欲前往中國，再次安排暗殺計畫，找來李逸稙密謀此事，爾後，李逸稙又與留法歸國的洪鐘宇合作，打算由洪鐘宇與金玉均一同前行的上海行中，秘密暗殺金玉均。

　　1894年3月27日，金玉均和洪鐘宇等人抵達上海，滿心期待能東山再起的金玉均，未料到同行的助手洪鐘宇竟是想暗殺他的殺手。3月28日，洪鐘宇身著一套朝鮮服，進入金玉均的房間，趁著他熟睡時將他暗殺，金玉均得年43。死後，他的屍體於4月12日被清朝引渡回朝鮮，朝鮮官方更在漢城楊花津將他施以凌遲之刑戮屍。金玉均之死也導致清朝與日本的關係惡化，更是中日戰爭的導火線。

　　雖然當時金玉均被朝鮮官方定位為親日賣國的逆賊，但開化黨與日本人對他的評價則是大力推崇，甚至連對立的政黨也肯定他的愛國精神。現今有人稱讚金玉均為「現代化的先覺者」、「革命家」，也有人認為他是親日派，而加以批判和鄙視，但他的開化思想及為國家獨立而奮鬥的精神，在歷史上是不可抹滅的。

申采浩

「強盜般的日本削除我們的國號，奪取我們的政權，徹底剝奪了我們生存的必要條件。我們宣佈恣行劫掠的強盜政治正是朝鮮民族生存的敵人，同時以革命討伐我們生存的敵人日本亦是朝鮮民族的正當手段。」——申采浩《朝鮮革命宣言》

申采浩，號丹齋、一片丹生、丹生等，筆名無涯生、天禧堂、赤心、燕市夢人等，假名劉孟源、樸鐵、柳煙澤等。本籍高靈，大倧教徒。他是朝鮮半島歷史學家和獨立運動家。南北朝鮮皆認為申采浩是偉大的歷史學家，主要著作有《歷史新讀》和《朝鮮上古史》。《朝鮮上古史》是以朝鮮民族為基礎的歷史著作，最初在1931年開始陸續刊登在《朝鮮日報》上。1948年以書的形式被出版。申采浩認為朝鮮半島古代歷史與今中國東北地區有著密切的歷史關係。

接觸韓國史時，他必定是會被提到的重要人物之一，他是韓國歷史上提倡民族獨立最重要的歷史學家，並留下了著名的名言：「遺忘歷史的民族，沒有未來。」

申采浩本籍高靈申氏，1880年生於忠清南道大德郡，年輕時於私塾受漢學與儒家思想的教育，1898年18歲時入學成均

館，同時加入了獨立協會展開了愛國啟蒙活動。1905年乙巳條約（第二次韓日協約）簽訂後毅然決然的放棄成為成均館博士的機會，並受到當時《皇城新聞》主筆張志淵的青睞，成為了該報的評論員，後來又成為了《大韓每日申報》的主筆，嚴厲的批判日本帝國主義的侵略行為。

　　由於申氏深切的感受到朝鮮晚期飽受日本帝國主義的壓迫與殖民，因此投入了韓國獨立運動與啟迪社會大眾的活動，他並認為，為了提倡韓民族的意識，有必要振興自己的國史。

　　丹齋申采浩，他是建立韓半島「民族主義史觀」的歷史學者，同時是媒體人，也是獨立運動家。他建立的民族主義史觀不但協助抵抗日本的殖民史觀，並且確立了朝鮮半島近代史觀的基礎。他從小在爺爺的學堂學習漢學，精通《史書》、《通鑑》、《四書三經》等。二十五歲就成為成均館博士，但在乙巳條約簽訂後隨即棄官，開始投身獨立運動，努力培育大眾的民族意識。申采浩如此的舉動及其思想與他建立的民族主義史觀密切相關。

　　申采浩先生投身大韓帝國末期國權恢復運動，推展民族主義思想。他的歷史學和韓國近代歷史學也是建立國權恢復運動關連之學問的一部分。他的民族主義史觀可說是他獨自創立的，當時韓國歷史學界的主要史觀是「實證史觀」，實證史觀學者利用學問的中立性和客觀性做為名分，默許日本的殖民政策，也幫助日本學者建構殖民史觀。申采浩的民族主義史觀則是為了對抗殖民史觀為其目的。

1908年申采浩撰寫《讀史新論》，這本書翻轉了以前歷史學的根本範例，以民族主義史觀，將古代到渤海時代之史觀系統化，重新確立了韓國歷史學的基礎。這件事是他最偉大的成就，讀申采浩寫的《朝鮮上古史》便可以知道其歷史理論之基礎，他認為歷史是「我」和「非我」之間的鬥爭。

「我」和「非我」的鬥爭歷史觀可從其論文《讀史新論》、《朝鮮上古史》、《朝鮮史研究草》等篇之中觀察得知，看得出來其史觀及歷史學方法。到他生存的時代為止，所有歷史的主體是「我」與非主體的「非我」之間的鬥爭。基本上這裡的「我」指的是韓國民族，「非我」則是外國，特別是周邊列強，與其所展開的鬥爭之歷史事實。然而申采浩先生的民族主義史觀，直到近代在南韓的歷史學主流學界中並未受到足夠的關注。

尤其一直到1950年代為止，對申采浩的研究是被禁止的，在李承晚政府統治下連民族主義也不能提。但是「419學生革命」以後擴大了民族主義的界線，申采浩的思想和對的研究也重新得到關注。申采浩投身愛國啟蒙運動和國權恢復運動，並透過韓國史研究推進民族運動。他在大韓帝國末年在大韓每日申報寫史論，也在《少年》雜誌連載《國史史論》，寫了許多關於克服國難的民族英雄的專題，在此時期他的歷史主體之研究主要是以英雄中心史觀為主。

1910年他流亡海外，開始正式研究韓國史，在1920年代編撰很多歷史研究書籍，於1930年代在東亞日報與朝鮮日報連

載。從這些著作中可以發現，他的歷史學是，第一、從史學的概念、方法論著手，超越中世紀傳統史學，推展至近代史學。第二、對抗當時日本官方學者的殖民主義史學，強調民族主義史學之性格。第三、朝鮮革命宣言以後明確表示從民眾之中尋找歷史主體的民眾中心史觀。第四、把歷史當做「我」和「非我」鬥爭的記錄，同時對歷史研究強調實證，做為辯證歷史發展之認知。他的著作以民族主義之視角進行獨立研究，綜合過去的儒教歷史學和非儒教的史學，而達致其成果。

　　所以他的史學是綜合韓國史學史的多種潮流。他寫的韓國史幾乎都是古代史，有幾個特徵：第一、把檀君、夫餘、高句麗的上古史系統化。第二、傳統學說上古史的地域只包含韓半島與滿洲中心地域，但他將其擴大至中國東北地區和遼西地方。第三、傳統學說漢四郡位於韓半島之內，但他主張漢四郡是在韓半島之外或是根本不存在。第四、上古時代的朝鮮族和三國時代的百濟曾進入中國的山東半島等。第五、主張三韓移動說和前後三韓說。第六、以夫餘與高句麗為中心，低估新羅的三國統一等。

　　從日本引入的進代史學以實證主義為主，撰寫論文需要提供注腳標明參考來源。但是丹齋先生的史學沒有寫注腳，而是直接寫於本文之中。所以在形式上被誤解成好像沒有實證。其實申采浩先生的史學亦是文獻考證史學。最近年輕人相較於日本引入之史學觀，反而更想繼承申采浩先生的史學。

　　北韓的歷史學界也對申采浩先生的民族主義史觀給予肯

定的評價。2007年12月刊行之北韓學術季刊《歷史科技》中，其評論《讀史新論》於民族主義的史學之形成扮演著進步的角色，並且對於將檀君視為實存的歷史人物而非神話此點給予了高度的評價。不過雖然北韓的主體史觀和申采浩先生的史觀也有類似之處，但它仍為完全不同的歷史觀。北韓的史觀是階級史觀，對他們來說民族主義史觀為次要的，故完全不同。

雖然如此，申采浩先生所開展之古朝鮮，高句麗之歷史研究，北韓史學家亦依從承繼他的高句麗歷史觀。雖然申采浩的民族主義史觀仍然一直隱藏在主流的實證史觀的影子裡，但隨著對於申采浩先生的實證資料日增，以及年輕的史學者之間對民族史觀關心之增強，專家們預測以後韓國的歷史教育會更加反映他的韓半島歷史觀。「我們是對的，其它都是錯的」，我們總是以這種二分法，非黑即白的極端判斷方式來分析其它的事情。如果用比較客觀的角度來判斷的話，就能夠降低錯誤。

在日本殖民統治時期，為了抵抗日本的殖民史觀和帝國主義，他也曾走向極端，對社會主義有所關心的過渡期，但他的目標是在弱肉強食的世界中，將韓國做為主體，為了成立近代國家所著作之評論、思想與歷史觀，以及所投身之獨立活動，都對韓國的社會產生了巨大的影響與貢獻。

柳寬順

柳寬順（1902-1920）為韓國在日帝殖民統治時期的著名女性獨立運動家。在韓國有「獨立運動之花」、「韓國的貞德」等稱號。雖然很難想像這樣年輕的女性在國家獨立運動的過程中，所付出的重大犧牲和成就，無疑地，她的確在韓國獨立運動歷史中，扮演了重要地位。

柳寬順最大的貢獻，在於主導家鄉天安的「萬歲示威運動」（為京城31運動的延伸），雖然最後被逮捕監禁，並在監獄中結束了她短暫的一生。但以她在如此年輕的年紀就參與三一運動，並將京城示威運動的精神帶回故鄉，最後為國家獨立所做的犧牲來看，她可以說為了民族、國家全然奉獻了她短暫而精采的一生。因此，若想要了解及探究韓國從日帝時期到獨立運動的整段歷史，必然要認識這位年輕而偉大的女性獨立運動烈士——柳寬順。

柳寬順於1902年2月6日生於朝鮮忠清南道天安郡（即今日天安市）龍頭里，她的本籍屬於高興柳氏。柳寬順在家中排行第二，上有一個哥哥柳愚錫及同父異母的姊姊柳癸出，下則有兩個弟弟柳仁錫及柳冠錫。其父親為柳重權，母親為李少梯。

柳寬順的父親十分注重她的教育，所以一直不斷找尋機會將她送到當時的城市中心─京城（即今日的首爾）就學。

直到1916年的一個契機下，才開啟了柳寬順到京城的求學之路。柳寬順在當時擔任基督教監理會忠清南道公州教區傳教士艾莉絲・夏普的推薦下，才以教備生的方式進入了梨花學堂（今日的梨花女子大學）普通科三年級。教備生的入學模式主要是免除上學的學費，並且在畢業之後可以從事老師的工作。而這除了讓柳寬順省去了學費的負擔，也使她得以讓自己更能專注在課業上的學習，因此，她在學業的表現上是十分優異的。

不僅如此，柳寬順也會在放長假時回到故鄉天安，教導和傳授當地居民一些西方地理及科學的知識，這些東西都和他們一般所受的傳統中國式教育有所不同，而是屬於比較新穎的西方文化。

從這裡便能看出一些柳寬順的獨立運動的潛在特質。梨花學堂帶給她的是新思想的教育啟發，讓她不再只侷限於傳統而保守的儒家教育，雖然當時的朝鮮仍處於男尊女卑的社會文化，但柳寬順並沒有因此就不敢表達、傳播自己所學的新知識，身為女性的她，反而更勇於接受和改變。這樣的特質也為她日後返回家鄉進行示威運動領導埋下了潛在的種子。

在京城學習的過程中，不僅於學習上得到了精進，柳寬順也將在1919年發生的三一運動中，迎向了她在獨立運動理念與行動上的躍進。

　　從1918年一次世界大戰結束，美國總統威爾遜提出了民族自決等14點和平條約後，許多被殖民地的人民便開始了一連串的獨立運動風潮，當然這其中也包含了朝鮮。

　　而整個三一運動的展開，在1919年高宗的猝逝後終於爆發。1919年1月22日凌晨，高宗突然因身體不適而身亡。駐日的朝鮮總督府稱其因腦溢血而死，但大多數民眾卻認為高宗的死，來自於日人在他的食物下毒所導致，因此群情激憤，開始了一連串大規模示威運動的計畫，更藉此起草了《獨立宣言書》，表達了希望韓國獨立的理念。

　　1919年3月1日，示威運動在京城鍾路的塔洞公園舉行，當時許多學生參與了這個活動，其中也包括當時為梨花學堂高等部學生的柳寬順。三一運動不僅開啟了朝鮮的反日殖民運動，也讓柳寬順開始了她獨立運動的啟蒙契機。然而示威運動的展開，卻也讓朝鮮總督府頒布了臨時停課令，目的是為了控制與鎮壓當時京城混亂的局面。

　　也因此，柳寬順在1919年3月8號乘著火車返回家鄉天安。受到京城示威運動的影響與感召，返回故鄉的柳寬順開始籌畫在天安的獨立運動。她不斷走訪當地教會和學校，一方面向故鄉人民說明在京城的獨立運動現況，一方面也積極地尋找在天安當地可以舉辦示威活動的地點。

　　終於，在一個多月的努力下，柳寬順得到趙仁元、金球應等並川教會及當地學校教師的幫助，決定於1919年4月1日在並川市場內舉行萬歲示威活動。

到了4月1日，柳寬順等人成功召集了包含天安、鎮川、清州等地將近3000名的民眾來到現場。而柳寬順引導著遊行群眾呼喊獨立的口號，並發放代表大韓民國獨立的太極旗，向群眾宣揚希望大韓民國獨立的理念。但這次大規模的示威運動也引起了日本警察的注意，深怕在群情亢奮下又會引發另一波如同京城萬歲示威運動般的反抗。因此，在群眾人數漸漸增多及現場氣氛越趨高昂的情況下，日本憲兵隊便開始了一連串的武力鎮壓。在一陣混亂的開掃射過程中，許多人遭到槍擊負傷甚至死亡，其中包括柳寬順的父母。

日本憲兵隊並在事後逮捕了事件相關人等，而柳寬順則以未成年者的身分特別處理。日本警察方面希望她能對這次的「犯罪」進行招供，並且協助相關的搜查，如此便能減輕她的罪刑，但柳寬順拒絕了，即便她為此受到了嚴刑拷打的審訊，但她仍然堅決不肯透露示威活動的相關參與者的姓名。

從這裡可以看到她的性格和希望國家獨立的精神是十分堅韌的，即便示威活動受到了阻攔，自己也面臨牢獄之禍，但柳寬順對於獨立運動的心，反而更加堅定，甚至受到私刑的逼供也絕不退縮，這樣的愛國心一直延續到了她去世之前。

被捕之後的柳寬順先是被關入了天安警察所的憲兵隊內，之後才移監至公州警察所。而在那個地方，才收到了對她的判決。

1919年5月9日，公州地方法院針對這次的示威遊行運動，在一審時以群眾鬧事罪進行了宣判，處以3年的刑期，但柳寬順

不服，提出抗訴，因此法庭決議將此案轉交至京城法院復審。

在京城復審時，柳寬順譴責了日本對朝鮮的侵略，並強調朝鮮總督府在法律上的不正當依據及判決。雖然當時審判法官暗示她若能承認自己的罪行，將給予減刑的機會，但柳寬順仍不為所動，並且在發表一段撼動人心的愛國言詞之後，隨著激昂的情緒，向日籍檢察官投擲了椅子，導致又被以褻瀆、侮辱法庭罪再追加4年的刑期，最後柳寬順被判決總共必須服7年徒刑，並送至西大門刑務所服刑。

柳寬順入獄後仍並未改變她對獨立運動的意志，即便遭遇牢獄之苦，也持續呼喊著獨立的宣言及口號，也因如此，她被關入了單人牢房囚禁。柳寬順烈士在監獄中長期受到以刑具的私訊拷問、拷打，再加上營養的缺乏，使得柳寬順於1920年9月28日時逝世，去世時還不滿18歲。

柳寬順的事蹟在光復後廣為流傳，並且出現了許多關於她的敘述及傳記記載，因此，她在韓國被塑造為三一運動的著名象徵人物。

韓國政府在1962年，將柳寬順追封為「獨立烈士」，並追贈與「建國勳章」，更在韓國的歷史教科書中，紀錄了她對國家獨立所做的努力及貢獻，其目的就是為了讓人民永不遺忘這位為了國家民族建國及抵抗殖民霸權而犧牲奉獻的勇敢女性。至於在柳寬順的故鄉天安，也為她設立了柳寬順烈士的紀念館，以供當地民眾及世界各地的人民緬懷這位烈士的事蹟。

柳寬順在韓國一直都被視為偉大的年輕女性獨立運動家，

然而近幾年來卻不斷有聲音質疑，在光復前並未聽聞的這個名字，是否是梨花學堂及教會在獨立後有意神格化下的結果。因為三一運動當時的相關報導中，皆未提到柳寬順的事蹟，這與光復後來自這兩個地方的資料大量湧現產生了矛盾，因此受到了質疑。

但不管如何，柳寬順在當時身為女性，且在不滿18歲的年紀下就勇於參與並主導獨立運動及宣傳示威，已經是非常難能可貴了。對於整個國家及民族的獨立運動來說，柳寬順的參與、犧牲及付出，對於獨立運動人士和一般人民在精神上，絕對是有正面性的提升的。

歷史不該被遺忘與抹滅，尤其是這樣為了國家獨立運動所奉獻的愛國志士們，更值得我們在探索韓國歷史的過程中，去好好的認識及了解。

尹奉吉

　　尹奉吉，在絢爛的年紀，用自己的意志，向全世界宣達，朝鮮獨立的決心。

　　1932年4月26日，中國上海，加入韓國人愛國團的尹奉吉接受了金九的指派，於日本人舉行慶典時執行刺殺任務。4月29日，位於上海的虹口公園，正傳出日本國歌的當下，爆炸聲也隨之傳出，接下來就是多名日本大將渾身是血地被抬出。此場慶典是為歡慶日本天皇的壽辰以及日本在上海一二八事變取得軍事勝利，卻因為一名青年手中的那顆炸彈，頓時成為日本將領的忌日。

　　尹奉吉出生於1908年6月21日，兩歲時朝鮮遭日本併吞淪為殖民地。在十歲以前，尹奉吉接受的是日本的殖民教育，當然也說著一口流利的日文，因此才能順利進入只有日本人才能參與的慶典。這場慶典的戒備相當森嚴，欲進入的人只可以攜帶一支水壺與一個日式便當盒，而尹奉吉就是攜帶被製作為此兩種形式的炸彈進入。

　　尹奉吉是以輕鬆但嚴謹的態度進入會場，他慢慢的觀察著周遭的警備，在所有高階官員都站在台上唱著國歌時，他選擇

在這個時間將炸彈丟出。在爆炸聲結束後，尹奉吉在現場被逮捕，隨後被遣送到日本，並於1932年5月25日被判處死刑，同年12月在日本金澤遭到槍決。

從被捕後到處決期間，尹奉吉沒有說出任何關於韓國人愛國團的事情，或是任務指派者是誰等可能會牽連其他人的話語，只用了「一切都是個人行為」來說明這場爆炸事件。而會讓曾經接受過殖民教育的孩子作出此種行為的開端，或許要從殖民政府所作所為所說起。

1919年3月1日，韓國三一獨立運動展開，其後日本殖民政府也對獨立運動展開血腥鎮壓。而1919年，11歲的尹奉吉，面對如此血腥的暴力鎮壓，認為自己無法再繼續於殖民式的教育下學習，因此從普通學校主動退學，後於家中自主學習四書三經等漢文相關書籍。1921年，尹奉吉和他的弟弟尹聖儀進入由成周祿所開設的私塾「烏峙書塾」就讀，持續的學習漢文領域的相關知識。1929年，從書塾完成學業。而在書塾學習的這段時間，15歲時的尹奉吉完成了婚姻，18歲時也完成了三本著作，分別為《嗚推》、《玉睡》、《壬椎》。而這些學習歷程也成就了後來由尹奉吉主導的農村啟蒙運動。

1926年，尹奉吉透過從書塾學習到的漢文知識，於他的家鄉忠清南道禮山郡開始為農民辦學，以及啟蒙農民等社會運動。尹奉吉積極的在農村展開社會運動，除了教授無法上學的農村青少年，也親自編寫教材《農民讀本三卷》供農民學習，並於1929年設立「復興院」，後更廣設各種以文化啟蒙為主題

導向的社會團體，例如以健康生活為目的的「修巖體育會」即為其中之一。如此透過社會團體，就算受到殖民政府的關切，尹奉吉也積極為農村注入文化，並曾經透過復興院的名義，在農村展開話劇的巡迴公演。想當然此行動在殖民政府的眼中完全不被允許，尹奉吉因此被當地的警察視為眼中釘。

1930年，尹奉吉深知在家鄉無法挽回祖國的身軀，留下一句「丈夫出家生不還」即離開家鄉。離開家鄉的消息卻意外的走漏，因此在逃亡期間，尹奉吉曾經在宣川遭到日本警察逮捕並入獄45天，在出獄後即逃亡到滿州。

在逃亡期間，尹奉吉也遇到過許多一起想為祖國找回身軀的青年們，他們在路上共同扶持，在抵達韓國臨時政府位於的上海前，他們輾轉經過了青島、大連等都市，也曾經在路途上停留，結交到許多有志一同的志士們。

從尹奉吉當時的人生來看，短短18年的時間，經歷了太多殖民政府的關切與壓迫，或許在日本政府的眼中，尹奉吉就像是個不聽話的孩子，但並非誤入歧途，只是不願意乖乖地接受一切安排。而日本政府只先觀察而非直接做出行動，也因此有時間讓尹奉吉建立強大的愛國心，直到尹奉吉在家鄉的社會活動越來越蓬勃，而後更直接離開家鄉時，日本政府才發現這位青年的擁有愛國心早已超乎他們所想像，但卻已無法透過任何洗腦式的殖民教育消滅，只能透過逮捕入獄等方式脅迫他不要做出逾矩的行為，但這位內心只有祖國的青年，短暫的入獄等處罰方式早已無法改變尹奉吉心中「朝鮮獨立」的信念。

　　1931年8月，尹奉吉抵達上海，先在安恭根的家中短暫停留，後為維持生計，也曾到朴震所經營的工廠工作，也為了與國際接軌，到英語學院學習英語。這樣的生活持續了一段時間，直到金九找上他為止。

　　金九身為韓國臨時政府的核心人物，對於朝鮮的獨立一直都是心中最為重要的大事情，金九當時想通過一些能夠引起世界注目的方式來宣達「朝鮮獨立」的信念，因此金九在尋找的即為願意為了朝鮮甚麼事都願意做的青年，而尹奉吉完完全全符合這個角色。他們在1932年4月26日規畫好關於爆炸的一切，在同年4月29日的前一晚，尹奉吉手拿炸彈，並在韓國國旗前拍下信念堅定的照片，照片中手拿著一張親筆寫下的宣誓文：「我以赤誠的心，為了恢復祖國的獨立與自由，誓言以韓國人愛國團的一員，將屠戮侵略中國的敵人軍官。」後在4月29日，即發生震驚全世界的虹口公園爆炸事件。

　　在爆炸後，多名日本重要官員死亡或身受重傷，其中包含日本駐滬居民團行政委員長河端貞次、日本陸軍大將白川義則、陸軍中將植田謙吉、日本駐華公使重光葵、海軍中將野村吉三郎。如此多名重要官員因為一名青年而葬生異鄉或成為傷殘，隨即成為次日的世界頭條。

　　這樣的行為在後世評價中，主要為讚賞與褒揚。韓國前總統李承晚曾說到：「如果沒有人做出如此像傻瓜般的行為，向日本宣傳韓國獨立的決心，或許就沒有韓國獨立這件事情了。」，而蔣介石也說到：「中國幾百萬軍人都做不到的事

情，這位朝鮮的青年做到了」。在1962年，韓國政府頒發了建國勳章，並且在之後設立了尹奉吉紀念館。

　　但如前面所提，尹奉吉未說出任何關於韓國人愛國團的事情，只用「個人行為」來說明一切。從被捕到處刑，尹奉吉在這約半年的期間，是否有被日本警察嚴刑拷打並不得而知，只能從12月遭槍決的照片稍微看出日本對於尹奉吉這種行為的想法。尹奉吉的處決方式為一槍額頭斃命，並非用任何更非人道的方式進行處決，或許可以從這裡得知，日本政府對於尹奉吉如此的行動，一定有所不滿但也包含著些微的佩服，後在金澤也設立了尹奉吉的紀念碑。尹奉吉遭槍決後，遺體葬在金澤墓地的內路旁，直到戰後才將遺骸送回至韓國，並安葬在首爾孝昌公園的三一廟內。

　　在尹奉吉短暫25歲的人生裡，可以說從17歲開始就為了朝鮮獨立做出了相當多的努力，從農村啟蒙運動到各種文化類型的社會團體成立，讓農村不再只是個被迫接受殖民教育的地方，也讓更多青年明白祖國的獨立是何其重要的一件事情。而在虹口公園的爆炸事件中，尹奉吉更讓全世界明白，朝鮮是多麼迫切的想要獨立，想要從殖民政府中逃脫，如同李承晚總統所說的，如果沒有這一場爆炸，或許朝鮮對於獨立的渴望就不會如此快速的傳遞給全世界，也或許就沒有後面更多的事情發生。

　　但這一次爆炸案如果沒有成功，是不是會需要犧牲更多的青年來完成所謂的大業，而尹奉吉因為這場爆炸事件，在正是

耀眼的年紀被結束生命，但如果沒有參與，會不會能夠為朝鮮帶來更多的不同？從農村啟蒙運動來看，尹奉吉是位非常有想法的青年，他知道如何才能擺脫殖民下痛苦的生活，但他卻透過自己的犧牲，來完成他心中的大業，或許這也是他能夠成為愛國志士，卻無法參與建國的原因。

尹奉吉所做的一切讓眾人讚賞，同時也讓後世感慨。選擇用如此激進的方式來表達心中的期盼，或許是因為當時的環境所逼，但如果能夠有更聰明的選擇，想知道尹奉吉是否還會用這樣的方式來說出自己的想法，但一位青年能夠在短暫的人生裡，用全力將自己所知道所能夠做的都用盡，只為了心中那唯一的一件事情，那樣的專一且堅定的意志，是值得讓人崇拜與追隨。

尹奉吉，朝鮮獨立運動家，用自己的信念，在那殘敗黑暗的年代，點燃一朵耀眼的火花。

篇八 社運英雄

宋建鎬

宋建鎬，號青巖（1927.9.27~2001. 12.21），是記者和歷史學家，更是南韓新聞史上的英勇鬥士，沒有宋建鎬的付出，南韓就沒有今天的新聞自由；沒有新聞自由，就沒有南韓近二十年來的民主改革奇蹟。其中，他所創辦的「真話」雜誌及「韓民族新聞」報，更是改寫南韓歷史的重要媒體。宋建鎬的一生幾乎就是一部鮮活的「南韓新聞蒙難與抗爭史」，從他身上可以看到真正新聞人的道德勇氣。

一九二七年九月二十七日，宋建鎬出生於韓國忠清北道沃川郡，1940年由於他父親的希望，因而進入漢城的一間私立商業學校就讀，雖然如此，他的父親還是希望宋建鎬能夠出人頭地，不要只是畢業後繼續從事和商業相關的工作。從商業學校畢業後，宋建鎬暫時回到家鄉，並到一個日軍的糧食倉庫任職。此時正逢韓國解放，於是解放後宋建鎬回到首爾繼續考升學考試，他意外的選擇了延禧專門學校（今延世大學）神學系，但卻不幸落榜，落榜後重新考上京城法學專門學校（今首爾大學）。

1950年韓戰爆發，宋建鎬被迫暫時中斷學業，戰爭期間

他開始學習英語，在那時候所累積的英語實力，使宋建鎬在鐵路局擔任翻譯員一職，這個時候的經歷，成為了他後來踏上媒體之路的主因之一。戰爭結束之後宋建鎬回到大學繼續完成學業，在此期間宋建鎬加入「大韓通信」，記者生涯就此展開。1956年畢業於首爾大學，畢業後曾先後於朝鮮日報、韓國日報等多家報社擔任社論作家，1974年擔任東亞日報總編輯，在擔任總編輯的六個月內，是韓國新聞自由遭到最嚴重迫害的時期。

　　1974年10月23日因為東亞日報在當天刊出學生示威的新聞，導致時任總編輯的宋建鎬等三人遭到情治機關逮捕，次日，東亞日報全體同仁共同聚集在編輯部發表「實踐言論自由宣言」，這項宣言獲得了共達三十五家的新聞媒體連署，記者協會與各地分會也紛紛加入，卻激怒了當時的朴正熙政權，導致東亞日報遭到了長達七個月的廣告迫害事件（1974.12.16.~1975.07.16.），成為韓國新聞史上媒體遭到政治權力惡劣鎮壓之僅見。

　　東亞日報作為新聞自由抗爭最為激進的媒體，政府將它優先開刀，藉以達到殺雞儆猴的作用。為此，政府不採用直接管制而是間接對各大企業與機關施加壓力，不准在東亞日報上刊登廣告，否則將採取稅務調查或勒令停業之處分，目的在於阻斷東亞日報廣大的財源，以扼殺東亞日報的生路，迫使它在「屈服」與「關門」之間做選擇。

　　1974年12月16日，東亞日報將三個全版的廣告版面留白，創下廣告版「開天窗」先例，使讀者知道這裡原有的廣告是被

抽掉的，一個月後，東亞日報的商業廣告減少了98%，當局扼殺東亞日報財路命脈意圖甚明。

由於朴正熙對新聞媒體展開全面的迫害與監視，時任東亞日報總編輯的宋建鎬和許多記者們都堅決反對中央情報部幹員進入報社檢查新聞，結果造成有一百三十名記者在當局的壓力下被報社解聘，為韓國史上前所未見的大規模解聘記者事件，宋建鎬在幾度抗議無效後，決定辭掉總編輯一職，與這些充滿正義感的記者們一同進退。

如此全面性的鎮壓引來人民的憤怒，海外媒體也紛紛譴責這種迫害媒體的惡行，韓國國內的在野黨、宗教團體、人權團體等也都站出來抵抗，並與人民一起發動聲援東亞日報運動，其中「激勵廣告」運動最為讓人感動。社會中各階層的民眾，從小學生到社會團體，從臨時工到大學教授都積極的響應聲援東亞日報。「激勵廣告」不斷地飛來，讓東亞日報廣告部應接不暇，現金收入甚至比原來的商業廣告還多，讓東亞日報發了一筆意外之財（當時折合台幣約兩億元）。十年後，1985年，東亞日報將這筆收入與其他捐款合併，成立「東亞夢樹獎學基金」，至今已作育不少英才。

結果，原本想殺雞儆猴的朴正熙政府反倒弄巧成拙，聲援東亞日報運動擴大成為爭取新聞自由及人權與民主化的全民運動。

辭職後，宋建鎬成為自由寫稿作家，他不斷出書、寫文章，且為爭取新聞自由而盡心盡力。曾於此時先後擔任「韓國

基督教教會協議會」（KNCC）的人權委員、「民主媒體人大
會」的主席、「泛國民爭取民主運動本部」的常任共同代表
等，由此可以看出他對人權以及新聞自由所做的努力與重視。

　　1980年全斗煥掌權後，宋建鎬曾因金大中的內亂陰謀事件
而遭受牽連，被情治機關逮捕，在上訴後被判刑二年，關了六
個月以後停止執刑釋放出獄；之後又在查禁雜誌時，被警察逮
捕過兩次。但被逮捕其間卻因遭受酷刑而留下後遺症，1990年
代期間罹患帕金森氏症，又因為後遺症，在對抗病魔八年後，
2001年12月21日離世。

　　一九八五年六月十五日「真話」雜誌創刊。宋建鎬和一
群志同道合的解職記者一起組成了「民主媒體運動協議會」，
並且在隔年發行了一份「真話」雜誌，目的在於公正地報導事
實，揭開所有在政府的壓抑下無法公開的各種事實。也因此這
份說「真話」的雜誌，經常在出刊後就被查禁，而且無法在市
面上公開零售，一般民眾只能在地下流傳。

　　1988年，宋建鎬創辦「韓民族新聞」，原先是定名為「新
新聞」，但因讀者反映，既然是一份「公共報紙」，用「韓
民族」更好，所以決定改名為純韓語發音的「韓民族新聞」
（Han Kyo Reh Shin Mun），表示這是一份全民共有的報紙，
目的是向國民公正地報導事實。宋建鎬認為，當時的報紙無法
絕對公正地報導事實，因為它們完全與權力當局掛鉤，並不是
受到政府的鎮壓，而是自願向當局妥協，對政府不利的報導絕
不登刊。

　　但是對於反對黨和反對人士，卻極盡能所能的醜化報導，不得不遵守當局的政策。因為當時的報紙在這樣的控制下，絕對無法公正報導事實。宋建鎬才決定辦一份新的報紙，他認為「公正報導」是一個報紙的生命並不是基於特定的政治理念，而是因為當時的報紙不能善盡言責，更讓宋建鎬覺得有責任辦一份真正的報紙。「韓民族新聞」的特徵是，該批判的會毫不保留地批判，並且滿足讀者最大的「知的權利」，希望引導新聞事業走上正途，現在已成為為韓國的第四大報。

　　除了新聞界的貢獻，宋建鎬同時也努力創作出多部著作，從1978年和多位學者合著的「認識解放前後史」，到他自己創作的「探索民族知性」、「韓國現代人物史」、「民主言論、民族言論」、「了解韓國媒體100年」等20多本書，從書名可以看出他身兼記者和歷史學家的專業性，對兩個領域都有深入的研究，並且將這兩種不同的專業加以結合，是個非常偉大和了不起的人物。

　　2002年為了紀念宋建鎬對於韓國新聞界的貢獻，因而創辦了「宋建鎬新聞獎」，對於認真工作的媒體人，具有很大的鼓勵意義；電影「我只是個計程車司機」裡的主角德國記者辛茲彼得，在2005年就是「宋建鎬新聞獎」的得主，他專程飛到韓國光州去領獎。宋建鎬對韓國人而言是「民族知性」、「解職記者的教父」、「韓國媒體的師表」，從這些稱號就可以看出宋建鎬對韓國媒體的貢獻有多深遠，以及他在韓國現代歷史上的重要地位。

趙英來

　　趙英來（1947年～1990年）出生於大邱，在七個孩子中排行第三同時也是家中的長子。趙英來的祖先為朝鮮時代「生六臣」之一的趙旅，身為生六臣的趙旅的廉潔操守，因此成為咸安趙氏的家訓，也深深影響趙氏一家的處事態度。隨著咸安趙氏家族的擴張，後代子孫開始散居於各地，其中趙英來的直系祖先則定居於慶尚北道青松郡的農村。

　　隨著時代的變遷，眼看農村逐漸凋零，趙英來的父親趙民濟為尋求更好的發展而離鄉背井，輾轉來到大邱，透過自學以及先前勤勉工作所存下的積蓄來開設米糠油工廠。而趙英來就是在這時期，也就是1947年出生。但好景不常，經歷一連串的浮沉，趙民濟的米糠油事業終究還是以失敗畫下句點。

　　1957年，為了讓弟弟妹妹有更良好的學習環境，在漢城就讀大學的大姊趙順玉決定將趙英來及二姊趙順子帶到漢城學習，也因此趙英來從大邱國民學校轉學到壽松國民學校。而後經由大姊順玉的幫助，趙英來通過了京畿中學的入學考試，並且在三年後以全校第三名的成績直升京畿高中。

　　1962年趙英來進入京畿高中就讀，但在此時韓國社會發生

了巨變。1961年5月16日，朴正熙透過政變取得權力，以軍事政權在韓國建立新秩序。關心社會時勢的趙英來積極參加各式學生運動。在高三時主導京畿高中反韓日建交會談的示威，卻也因此遭到校方兩次停學的處分。除了學生運動外，趙英來也熱衷於社團活動的經營。儘管高中生活忙碌，他仍身兼多項職位。加入倫比尼會、辯論社、農村研究會，並在高三時擔任學生會的學術部長。

1965年，趙英來以破天荒的高分榜首姿態進入漢城大學（今首爾大學）法律系，也讓他頓時成為家喻戶曉的人物。進入大學後的趙英來更加熱衷於投身學生運動及社會運動，也因此他選擇加入社會法與勞動法學會。1964年，爆發「六三事件」及「民族主義比較研究會事件」。主導當時學生運動的漢城大學文理學院學生多數遭到逮捕，也因此1965年開始學生運動的領導中心就從文理學院轉換到法學院，而當年以榜首之姿入學且熱衷於局勢的趙英來就成為其中的核心人物。其中他曾帶領「六八選舉舞弊無效抗爭」活動、為三星製糖「糖精走私事件」第二次聲討大會發表精采的演說等……。從趙英來參加學生運動及社會運動的經歷，都可以看見他為社會所盡的心力。

若要提及影響1960年代漢城大學法學院的學運，不可或缺的角色那就是「佛教」，而趙英來開始接觸佛教則要從中學開始提起。趙英來中學時在一次離家出走的機緣下接觸到佛教，因而與佛教結下不解之緣。也藉由寺廟僧侶傳授中國經典，為

他奠定下漢文基礎。趙英來對於佛教有相當深厚的研究也曾加入諸多佛教社團，如京畿高中時期加入倫比尼會、漢城大學時期法學院佛教學生會，另外也曾在佛教雜誌上刊載文章。但對於趙英來而言，佛教並不是狂熱的信仰，佛教是一種生活準則，而他也採取開放的態度接受其他信仰。

大學畢業後，趙英來在《韓國前鋒報》擔任短期的實習記者。1969年趙英來考取漢城大學法律研究所，開始長達十二年的研究生生涯。大學時代的趙英來投身於學生運動及社會運動，也因此成績每下愈況。但是研究民法的郭潤直教授認為趙英來天資聰穎，因此鼓勵他繼續研讀研究所，並且未來當一位教授。正因為如此，趙英來再度回到漢城大學法律研究所研讀。但是充滿想法的趙英來很快地了解到擔任教授這件事並不是自己所追求的，因此他決定盡快結束研究所的生活，傾注全部的心力在司法考試。但是天總不從人願，之後的趙英來歷經了逃亡與囹圄生活，終於在1980年重獲自由並且再度回到研究所及司法研修院。1981年，趙英來以「公害訴訟中的因果關係舉證研究」的論文獲得碩士學位，結束長達12年顛簸的研究生生活。

1983年，趙英來創立「市民公益法律事務所」，實現他為弱勢伸張正義的理想。而市民公益法律事務所也在當時諸多事件中扮演著關鍵角色，其中最為人知的莫過於被譽為韓國人權運動及民主化運動的里程碑「富川警察署性刑求事件」。1985年，就讀漢城大學衣類學系四年級的權仁淑，被當局指控涉嫌

主導非法集會而遭到學校退學處分。1986年5月20日,為了啟發勞工的思想,權仁淑隱匿身分到富川的一間工廠偽裝就業。但隨後在6月4日即被警方查獲且遭到逮捕。

同年5月3日在仁川爆發大規模的示威,而在權仁淑被逮捕時正值警方搜查階段。因此警方欲利用權仁淑來獲取五三仁川事件相關人員的訊息,但是權仁淑始終不願提供警方所想要的訊息。最後警方派出當時的調查課長文貴童對權仁淑進行性刑求,就如同我們所說的強姦、性虐待。不久之後,透過一位經常進出拘留所的牧師,權仁淑的遭遇才被部分人們所知。

當時第一位與權仁淑會面的李相洙律師聽完權仁淑的遭遇後,決定將消息傳遞給「正法會」的律師們。隨後正法會組成對策委員會。由昔日的「四人幫」(洪性宇、黃仁喆、李敦明、趙準熙)負責指揮,趙英來、李相洙、朴元淳、金尚哲負責辯護實務。經過一連串曲折的過程,最後在1988年最高法院撤銷對文貴童的不起訴處分,並且在1991年通過權仁淑向國家提出的撫慰金訴訟。

而能夠有如此的結果,要歸功於趙英來激動人心的辯護書。根據當時共同辯護的朴元淳表示,趙英來的辯護書不只是為了被害者而辯護、為了說服法官而辯護,而是向著全國大眾而辯護。如此的辯護震懾了不只法官的心,還有人民的心,也讓他們獲得最終的勝利。而律師們的互助合作,也讓這次的事件成為韓國人權辯護史上的範例。

除了人權律師的成就之外,趙英來在生前曾也寫過兩三本

的書，但原稿大多已消失無蹤。目前留下最完整且出版的著作僅有《全泰壹評傳》。1970年11月13日在清溪川平和市場，一名青年激昂高喊「遵守《勞動基準法》」，同時將汽油澆在自己身上，燃起火焰，最後在熊熊烈火中死去。此舉在全國引起軒然大波，而這名自焚的青年正是「全泰壹」。

「如果能擁有一位讀大學的朋友那該有多好。」這是全泰壹在生前時常感嘆的一句話，而這句話使得諸多大學生感到心酸，趙英來也不例外。在一次機緣下全泰壹的手記輾轉從全泰壹母親李小仙女士手中，經由曾經與趙英來一同入獄的張基枸，最終來到了趙英來手上。

看見這位與自己年紀相仿的有志青年的故事，讓趙英來下定決心為他著書。即使在逃亡期間，趙英來也經常與李小仙女士見面、蒐集相關資料。1976年，趙英來完成了初稿；1978年以《與火的擁抱》的書名在日本問世；1983年跟隨李小仙女士的閔鍾德將原稿給予出版社，將書名定為《一位青年勞工的生與死》，並以全泰壹紀念館籌備委員會的名義出版。但礙於當局的限制使得書籍無法在當時出版。隨著時代的轉換、民主化逐漸興起，這本書不再是禁書。也因此1990年決定進行再版，將書籍名稱改為《全泰壹評傳》，並且在作者名寫上趙英來且進行些許內容上的增減。

但令人惋惜的是，同年12月12日，趙英來因肺癌離開了人世間，再也無法親眼見證書籍的再版。不過趙英來的熱情以及理想，將透過這本書流傳下去。「學法律的全泰壹」是大家給

趙英來的稱呼。雖然趙英來與全泰壹生前並未見過面，但是全泰壹卻帶給趙英來極大的影響。因為全泰壹，讓他與伴侶李玉卿相遇；因為全泰壹，讓他知道有個年紀與他相仿的勞工青年正朝向與他相同的理想奮鬥。也因此《全泰壹評傳》不單純只是全泰壹一個人的傳記，而是乘載著全泰壹以及趙英來兩人為了更美好的社會而奮鬥的理想、富含情感的一本的傳記。

「真相不能永遠被囚禁在監牢裡。」

就如同趙英來的遺稿集題目。為了讓真相走出陽光，趙英來用盡一生為了人們、向著人們辯護也在所不辭。即使上天帶走了他的生命，但是趙英來為人權鞠躬盡瘁的這份心力卻會永遠留存在大家心中。

全泰壹

　　1970年代，當韓國政府及企業家正高聲讚揚經濟奇蹟所帶來的繁榮光景，在漢城的清溪川平和市場，有一位年僅22歲的裁縫工人全泰壹，正為許多和他一樣受到社會不公平對待的勞工進行抗爭。在示威的過程中，不斷出現的，是長期受到壓迫的勞工的憤怒喊聲，是抗議的工人被警察與保安制伏在地，甚至被打得頭破血流的哀號聲，還有全泰壹和他的夥伴為了替自己和其他勞工爭取生而為人的基本權利，所喊出的口號。

　　「遵守《勞動基準法》！」「我們不是機器！」「我們不是奴隸，我們是人！」然而，伴隨著這樣悲壯的呼喊，泰壹的生命正在流逝，因為在這次的抗爭中，他將汽油澆在自己的身上，手上拿著曾經帶給他無數希望的《勞動基準法》，將那本書與絕望的自己一併燃燒。他的犧牲，除了揭開經濟繁榮的表面下，存在多少韓國工人的血汗淚水，也迫使韓國政府與企業正視當年為了追求經濟發展而忽略的勞工權益。

　　他點燃的那把火，成為許多絕望勞工及社會底層的一線希望火光，使他們不再認為自己的地位低落，是因為太過貧窮而無法讀書所造成，反而更加積極地去討回那些被社會上既得利

益者所剝奪的，他們原本應有的權利。

1948年8月26日，全泰壹生於大邱市的一個貧窮家庭。父親曾是製衣廠的縫紉工，後來買了幾台縫紉機在家裡開店做生意，母親則為了家計到街上賣菜，也去餐廳當過幫傭。泰壹年幼時，父親經常因為生意失敗而酗酒、打罵家人，甚至變賣家中物品以償還債務。為了減輕家中經濟壓力，泰壹不得不放棄在南大門小學的課業，出外去找工作。其中也因害怕情緒不穩定的父親和時常來家中討債的批發商，離家出走過幾次。

他和弟弟泰山曾經賣過報、當過擦鞋童、在東大門市場賣自製揹貨三腳架，才賺得些許收入，但這些錢對償還債務以及撐起家計，仍是杯水車薪。在外奔波流浪的日子，泰壹嘗盡了貧窮之苦，餓肚子受寒的日子幾乎比溫飽的時間還多。之後好不容易，全家得以過上一段短暫而穩定的日子，泰壹也能再重拾課業，到宗玉中學就讀，那也是他生命中最幸福的時光。

然而，不到一年的時間，他再次因家庭無法負擔他的學費而被迫放棄他熱愛的學習，即使他曾嘗試在漢城一邊工作一邊唸書。由於泰壹沒有接受過多少正規教育，他無法找到一份薪資較高的工作，只能做些需要付出勞力的工作。隨著年紀增長與長年飽受社會的不公平待遇，他漸漸認知到這是一個被有權有勢的人們控制的殘酷社會，這是一個社會底層人們的基本人道生活，被富裕環境所排斥所剝奪的社會。但他並沒有屈從於這樣的逆勢，反而想要透過批判與抗爭，來征服這樣無情的現實。

　　16歲時為了家計，泰壹來到漢城三大紡織市場之一的平和市場擔任縫紉工學徒。在平和市場工作期間的所見所聞，可說是影響他日後發起勞工運動的極重要因素。1960與70年代，南韓的出口經濟十分發達，使得大量農村人口進入城市找尋工作，而這些人多半投入製造業，成為紡織工廠裡的廉價勞工。

　　但當時的環境對紡織工人來說其實是相當糟糕的，不僅工廠工作空間窄如閣樓、燈光昏暗、通風不良、棉絮紛飛，工時也長達15小時，在工作時間裡，工人們無法自由地喝水、上廁所，也沒辦法依照正常時間進食，常餓到晚上10點、11點下班後才能吃東西。辛苦工作後所得到的薪水甚是低廉，連房租都不夠支付，更別夢想要努力存錢買房子了。

　　一個月的休假日也少得可憐，按照規定，雇主應給予工人們第一個禮拜與第三個禮拜各一天的休假日，但實際上並沒有具體施行，雇主會以多做多賺的誘因，誘使工人們繼續工作，工人們也為了多賺錢，不得不賣力。奇怪的是，在這之中竟然沒有一個人認為雇主這樣的行為是在剝削員工，有些甚至還感激老闆願意讓他工作，實在荒謬至極！工廠裡90%是婦女，其中三分之一是15歲左右的女孩子，工人們飽受各種疾病困擾，視力衰退、棉肺症、營養不良、神經痛、過勞、婦科疾病，在這樣惡劣的工作環境下，沒有人是健康的。

　　當泰壹發現自己和同伴們所受的對待是這麼不人道之後，他決定從一名學徒當上裁剪工，如此一來他便能領到更高的薪資，更重要的是他可以幫助許多工廠裡的學徒減輕工作量，一

開始泰壹是天真地這麼想的。有一天他讓一位生病的工人提前回家休息，自己留下來替他把工作完成，不巧被老闆發現，遭訓斥了一頓。第二天又被抓到他讓疲倦的工人下班，當場被老闆解雇。後來他意識到，工廠老闆畢竟還是想賺錢的資方，才沒有同理心去為底下勞工謀福利，他想做的只有以極少的薪資，盡全力將工人們的利用價值發揮到最大。

更有幾次，也是影響泰壹最深刻的事，他在工廠看見一位女工在角落發呆，那位女工告訴他，長時間在昏暗的環境裡工作，眼睛快要失明了，身體也相當疲倦，為了持續工作，老闆會給她打針、吃藥，來維持清醒，以至於好幾天都沒有好好睡覺。後來有一位女工在工廠裡吐血，泰壹協助這名女工去醫院後，心中有著濃濃的不捨與感慨，這些和他妹妹同歲的女孩子，本該是快樂玩耍的年紀，竟然要在這裡受這樣的折磨，相比之下妹妹真的幸福多了。他曾省下車錢買小點心給工人們吃，也曾偷偷替他們分擔工作，但這些努力對他們來說，並不是解決問題的辦法，最重要的是如何使資方改善勞工們的處境，於是泰壹決定將工人們團結在一起，組織一個爭取勞動權益的社團。

泰壹下班後，常把一些和他有相近理念的工人帶回家聚會，討論該如何提升紡織廠勞工的待遇。他們稱自己為愚人，因為相較於那些想盡辦法不讓自己權益受損的聰明剝奪者來說，他們這些默默付出只求溫飽的被剝奪者就像傻子，所以命名這樣的社團為「愚人社」。某次，泰壹發現了一部可以維護

勞工權利卻不為勞工們所知的《勞動基準法》，欣喜若狂的他開始研讀這部法律，他發現縱使這本書裡寫滿一條條保護勞動權的法律，卻沒有任何一條是真正被執行的，於是他將這部法律的存在告訴愚人社的同伴們，決定著手籌措勞動相關問卷調查。

他們將設計好的問卷發放給平和市場裡的工人們填寫，不料卻被老闆發現，整疊銷毀，收回來的只有30幾張。泰壹將問卷的結果寫成了一份報告書，交給勞工監察員，希望監察員能藉此發現存在於平和市場的種種剝削，但他所不知道的是，政府官員和工廠老闆沆瀣一氣，對於這種情況視若無睹。向上層請願失敗後，泰壹決定創辦一間模範工廠，他想向眾多企業主示範，一間對工人待遇好的公司同樣能賺錢。他曾希望能有一個了解他理念的慈善家，提供他三千萬韓元來創立這間公司，很可惜後來夢想沒有實現，辦工廠的願望就此作罷。

因為從事勞工運動，不斷經歷求職、工作、被解雇這樣的循環之後，泰壹想了想，決定回到他職場的起點——平和市場，和那些深陷苦難的同夥們站在同一線。他找回之前愚人社的社員，並將社團名稱改為「三棟會」，象徵一個新的開始。他們就工時、工資、職業病、休假等方面，設計一份更完整的勞動狀況問卷，小心翼翼發放給工人們填寫並收回，再把調查結果寫成報告，除了向勞動部遞交請願書，請求記者為他們報導平和市場裡的不公平待遇，其間也進行示威遊行。

由於當時正值韓國大選，政府當局為了選票不得不假裝承

諾改善勞工待遇，以撫平抗議者的情緒，但事後證明，他們的承諾都是謊言。得知實情的泰壹相當憤怒，與同伴們決定於平和市場前焚燒《勞動基準法》。這部法典曾帶給他們希望，但事實上卻是一紙空文。局勢到了這種地步，泰壹深知自己勢必做出犧牲，才能喚醒工人們，為自身權利抗爭。

全泰壹要他們明白，勞動權益不會受到政府、資方或一本法典保護，而是要靠不斷的抗爭去爭取，去打破這樣一道由既得利益者所築起的牆，他已撬開一塊牆角的磚頭，剩下的就靠大家了。全泰壹的自焚，影響了後來二、三十年的勞工運動，他也因而被譽為「工運之神」，首爾道峰區把一條道路命名為「全泰壹路」。

國家圖書館出版品預行編目

你必須認識的韓國人：韓國50名人列傳／知韓文
化協會[作]. -- 臺北市：社團法人知韓文化協
會, 2022.08
　　面；　公分
　　ISBN 978-986-92879-1-3(平裝)

1.CST: 傳記 2.CST: 韓國

783.21　　　　　　　　　　　111012123

你必須認識的韓國人
──韓國50名人列傳

主　　編／朱立熙

出版策劃／社團法人知韓文化協會
　　　　　106 台北市大安區光復南路98-1號8樓
　　　　　電話：+886-2-2778-0036

製作銷售／秀威資訊科技股份有限公司
　　　　　114 台北市內湖區瑞光路76巷69號2樓
　　　　　電話：+886-2-2796-3638
　　　　　傳真：+886-2-2796-1377

網路訂購／秀威書店：https://store.showwe.tw
　　　　　博客來網路書店：https://www.books.com.tw
　　　　　三民網路書店：https://www.m.sanmin.com.tw
　　　　　讀冊生活：https://www.taaze.tw

出版日期／2022年8月
定　　價／400元

版權所有‧翻印必究　All Rights Reserved
Printed in Taiwan